Ingrid Biermann   **Kindergeburtstag!**

Ingrid Biermann

Kindergeburtstag!

Spiele, Bastelideen, Lieder, Rezepte

Mit 10 Mottopartys

Weitere Bücher zum Thema:

Hajo Bücken, Eckart Bücken
So feiern wir Kommunion,
Konfirmation und Firmung
ISBN 3-332-01247-9

Marlies Götter:
Weihnachtszeit, Kinderzeit
Spiele, Geschichten, Lieder,
Bastel- und Rezeptideen
ISBN 3-332-01345-9

Susanne Helmold:
Wir basteln mit Kindern
ISBN 3-332-01325-4

Elke Müller-Mees
Kindersketche für Familien-
feste
ISBN 3-332-01298-3

Brigitte van Loh-Wenzel
Wir malen mit Kindern
ISBN 3-332-01319-X

Danksagung des Verlages
An erster Stelle danken wir unseren Modellen Fynn Henkel,
Johannes Huboi, Katharina Huboi und Carla Körzel.
Darüber hinaus danken wir Nadja Thiering für ihr
unermüdliches Engagement während der Fotoproduktion.
Abschließend danken wir folgenden Firmen für ihre
freundliche Unterstützung des Projektes:

Rayher Hobby GmbH   Heyda Werk
Postfach 14 62   Postfach 60 03 22
D-88464 Laupheim   D-58139 Hagen

Die Deutsche Bibliothek – CIP-Einheitsaufnahme
Ein Titeldatensatz für diese Publikation ist bei Der Deutschen
Bibliothek erhältlich.
ISBN 3-332-01344-0

www.dornier-verlage.de
www.urania-verlag.de

1. Auflage August 2002
© 2002 Urania Verlag, Berlin
Der Urania Verlag ist ein Unternehmen der Verlagsgruppe
Dornier.
Alle Rechte vorbehalten
Umschlaggestaltung: Behrend & Buchholz, Hamburg
Fotos: Uli Staiger, Berlin,
Außerdem Markus Hertrich, Hamburg (S. 17)
Zeichnungen: Martin Schulze, Berlin
Redaktion und Styling: Claudia Huboi, Berlin
Gestaltung und Layout: Berliner Buchwerkstatt/
Ulrike Sindlinger
Gesamtherstellung: Urania Verlag, Berlin
Printed in Germany

Die Schreibweise entspricht den Regeln der neuen
Rechtschreibung.

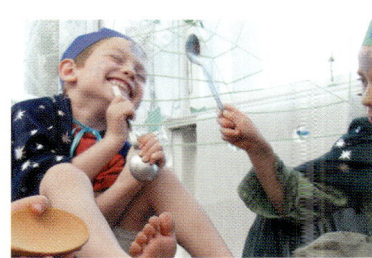

Vorwort

Liebe Mütter, Väter, Eltern!

„Happy Birthday!" – wer kennt nicht dieses Lied, das jedes Geburtstagskind hochleben und vor Freude jauchzen lässt? Um den großen Tag gebührend zu feiern, werden oft keinerlei Mühen und Kosten gescheut. Auch für Kindergeburtstage beauftragen Eltern zunehmend Unternehmen, die Partys nach allgemein gültigen Abläufen auf Ponyhöfen oder in Fast-Food-Ketten ausrichten. Aber ist das die Feier, die sich Ihr Kind wünscht und Klein und Groß noch lange in Erinnerung bleiben wird? Worüber Ihr Kind sich freut, das weiß kein „Geburtstagsunternehmen", das wissen nur Sie! Grund genug, sich ein wenig Zeit zu nehmen und gemeinsam mit Ihren Kindern unvergessliche Geburtstagsfeste zu planen, vorzubereiten und zu feiern. Oder?

Ob ein Geburtstag auf der Zauberburg, eine spannende Suche nach frechen Waldhexen, eine Geburtstagsolympiade oder ein aufregendes Rateduell: In diesem Buch finden Sie jede Menge Spiele-Spaß und neue Mottoideen für Ihr Kinderfest.

Nach praktischen Tipps und Tricks für die Planung, zahlreichen Hinweisen für den Ablauf einer Feier und ersten Gestaltungsvorschlägen folgen 10 Mottopartys für drinnen und draußen. Diese sind nach Altersgruppen geordnet, doch selbstverständlich sind die Angaben nicht verbindlich, sondern dienen nur als Orientierung. Am besten, Sie suchen gemeinsam mit Ihren Kindern einen Vorschlag aus und variieren den Ablauf gegebenenfalls.

Eine kurze Zusammenfassung zu Beginn jeder Mottoparty verschafft Ihnen einen ersten Überblick. Sodann folgen Ideen für passende Einladungskarten, Verkleidungen wie auch Dekorationen und natürlich Spiele über Spiele! Darüber hinaus finden Sie spannende Mitmachgeschichten, Tanz- und Spiellieder. Zur Stärkung gibt es viele leckere Rezeptideen, allesamt erprobt und – wenn nicht anders angegeben – für vier bis sechs Portionen gedacht.

Da Reime und Lieder bei keinem Kindergeburtstag fehlen dürfen, habe ich Ihnen zum Schluss des Buches jede Menge neuer Gedichte und Liedtexte zusammengestellt. Falls erwünscht, finden Sie hier auch einige Gebete. Die kurzen Vierzeiler lassen sich leicht merken, und die Liedtexte passen zu allseits bekannten Melodien. Wählen Sie einfach aus! Wie wär's, wenn Sie als Überraschung bereits den Einladungen Texte beilegten? Denn ein gemeinsames Ständchen macht nicht nur Geburtstagskindern großen Spaß!

Übrigens: Als Erzieherin habe ich die Erfahrung gemacht, dass es gerade zu Zwillingsgeburtstagen wenig Lieder und Gedichte gibt. Deshalb finden Sie in diesem Buch ebenfalls Texte, mit denen Sie Ihre Zwillinge hochleben lassen können. Auch die Mottopartys sind sowohl für Einzel- als auch für Zwillingsfeiern ausgelegt.

Für welche Ideen Sie sich auch entscheiden mögen – ich wünsche Ihnen viele lustige, abenteuerliche, spannende und fröhliche Geburtstagspartys!

Ingrid Biermann

Geburtstagsspaß rundum!

Der Geburtstag – ein Ritual für die ganze Familie

Rituale sind wieder im Gespräch, und darüber können sich Mütter, Väter, Eltern freuen. Denn immer wiederkehrende Abläufe dienen als Wegweiser und Erziehungshilfen. Auch der Kindergeburtstag bietet eine willkommene Gelegenheit, um vergessene Rituale aufleben zu lassen oder aber neue zu schaffen. Weist er alljährlich dasselbe „Gerüst" auf, so ziehen sich die Erinnerungen an diese Festtage wie ein roter Faden durch das Leben eines Kindes.

So lässt sich ein Kindergeburtstag in drei Abschnitte unterteilen. Der erste findet morgens in der Familie statt, der zweite am Nachmittag zusammen mit den eingeladenen Gästen, bevor abends der aufregende Tag im engen Familienkreis ruhig ausklingt. Diese drei Abschnitte können wiederum einen ritualisierten Ablauf haben, der sich von Jahr zu Jahr leicht variieren lässt: Wecken Sie Ihr Kind am Geburtstagsmorgen mit einem Lied oder einem Gedicht und überreichen Sie ihm ein erstes, ganz persönliches

Geschenk, z. B. eine Geburtstagsschatztruhe (s. S. 15). Das Frühstück wird an einem liebevoll gedeckten Tisch eingenommen, und ein hübsch dekorierter Gabentisch weckt die Vorfreude auf diesen Tag. Begleiten Sie Ihr Kind in den Kindergarten oder in die Schule, holen Sie es dort wieder ab und überraschen Sie es mit einem Geburtstagsmittagessen.

Der Nachmittag wird ganz und gar der Geburtstagsparty gewidmet, die unter einem bestimmten Motto stehen kann. Anregungen zum Ablauf einer Feier finden Sie auf S. 20–22.

Am Geburtstagsabend sorgen Sie dafür, dass Ihr Kind ruhig ins Bett gehen kann. Nehmen Sie sich Zeit für ein kurzes Gespräch, für einen Rückblick des Tages. Lesen Sie Ihrem Kind noch einmal die Mitmachgeschichte vom Nachmittag vor, gönnen Sie sich gemeinsam eine kurze Schmusezeit und beenden Sie den Tag mit einem Lied oder gegebenenfalls mit einem Gebet.

Ideen für unvergessliche Geburtstage

Der Gabentisch

Schmücken Sie bereits einen Tag zuvor einen kleinen Beistelltisch gemeinsam mit Ihrem Kind mit beispielsweise einer selbst gestalteten Geburtstagskerze, einem Geburtstagskranz, der Jahreszeit entsprechenden Naturmaterialien wie Blätter, Steine, Äste, Muscheln etc. oder Blumen. Auf diesem Gabentisch können Geschenke der Familienangehörigen und auch der Gäste abgelegt werden.

Die Geburtstagstischdecke

Bedrucken Sie gemeinsam mit Ihrem Kind ein Stück Leinenstoff mithilfe von Korken, Kartoffeln oder Holzscheiben oder lassen Sie es mit den Fingern anmalen.

Tipp: Auch Stoffservietten und weißes Geschirr (mit Porzellanmalfarbe) können speziell für diesen Anlass gestaltet werden und somit dem Frühstücks-, Mittags-, Kaffee- oder Abendbrottisch eine besondere „Geburtstagsnote" geben.

Die Geburtstagsgirlande

Eine Geburtstagsgirlande lässt sich schnell herstellen, und jedes Kind kann dabei helfen. Eine Schnur wird gespannt. Daran befestigen Sie mit kleinen, bunten Klammern Fotos des vergangenen Jahres. Alternativ können Sie die Fotos auf bunte Kartons aufkleben und auf ein buntes Geschenkband auffädeln. Die Bilder wecken Erinnerungen, fordern zum Gespräch und zum Lachen auf. Diese Girlande kann über den Geburtstagstisch gehängt werden.

Die Geburtstagsschatztruhe

Im Laufe des Jahres sammeln Sie als Eltern kleine Dinge, die an besondere Ereignisse erinnern, die Ihr Kind erlebt hat. Anhand dieser Erinnerungen können Sie das Jahr noch einmal gemeinsam nacherleben.

Variation: Das Geburtstagskind erhält einen bunt bemalten, leeren Schuhkarton. Es bekommt nun die Aufgabe, bis zum nächsten Geburtstag selbst Erinnerungsstücke zu sammeln.

Das Jahresbuch

Halten Sie besondere Erlebnisse im Laufe des Jahres in einer dicken Kladde schriftlich fest. Die Seiten gestalten Sie zusätzlich mit entsprechenden Fotos, Postkarten oder anderen kleinen Erinnerungen. Erst zum Geburtstag bekommt Ihr Kind dieses persönliche Erinnerungsbuch überreicht.

Tipp: Schenken Sie Ihren Kindern alljährlich ein Erinnerungsbuch, so entsteht im Laufe der Zeit eine richtige Erinnerungsbibliothek, in der es sich im Familienkreis prima stöbern lässt!

Schön ist es, wenn sich alle Beteiligten auch Wochen, Monate oder sogar Jahre später dank Alben, Fotos oder Bastelarbeiten an eine ganz bestimmte Geburtstagsfeier genau erinnern können. Auch diese „Souvenirs" sind Teil des Rituals und tragen dazu bei, dass der große Tag niemals in Vergessenheit gerät. Deshalb finden Sie im Folgenden einige Erinnerungsideen, die sich im Handumdrehen fertigen lassen.

Das Geburtstagstagebuch

Alle Gäste tragen sich in eine Kladde ein, malen dem Geburtstagskind ein Bild oder kleben eine Bastelarbeit ein. Erwachsene könnten vielleicht ein kleines Gedicht schreiben oder einen ganz persönlichen Wunsch aussprechen. Auch Geburtstagsfotos, die durchgeführten Spiele, Rezepte des Geburtstagsmenüs und viele andere Dinge lassen sich hier festhalten.

Erinnerungskleidungsstücke

Alle Gäste bemalen für das Geburtstagskind ein einfarbiges T-Shirt mit Stoffmalfarbe oder schmücken es mit Fingerdruck.

Variationen: Auch ein Halstuch, Kopfkissen, Bettbezug oder sogar ein Schlafanzug lassen sich auf diese Weise als Geburtstagserinnerung gestalten.

Das Erinnerungsbild

Gemeinsam malen alle Gäste dem Geburtstagskind ein Bild oder gestalten es in einer bestimmten Technik. Dieses Bild erhält einen passenden Rahmen und schmückt in Zukunft die Wand des Kinderzimmers.

Variation: Statt eines gemalten Bildes können Sie auch eine Collage mit Geburtstagsfotos zusammenstellen und einrahmen.

Gastgeschenke

Auch die Gäste freuen sich über ein kleines Erinnerungsgeschenk. Dieses Geschenk muss nicht teuer sein, sollte jedoch einen unvergänglichen Erinnerungswert haben.

Hier eine schnell umzusetzende Bastelidee: Hand- oder Fußabdruck: Rühren Sie Gips nach Herstellerangaben dickflüssig an und verteilen Sie ihn auf mehrere Plastikteller. Sobald er angehärtet ist, drücken die Kinder Hände oder Füße hinein. Nach dem Trocknen können sie ihr Gipsbild mit Wasserfarbe anmalen.

Fotos, Fotos, Fotos!

Vergessen Sie das Fotografieren nicht! Wie wär's denn ein paar Wochen später mit einem Fotonachmittag? Laden Sie sämtliche Kinder dazu noch einmal ein – und Sie werden sehen, wie viel Spaß es allen macht, sich an die Geburtstagsparty zu erinnern. Jedes Kind erhält natürlich einen Fotoabzug!

Planungshilfen für die Geburtstagsfeier

Besucht Ihr Kind noch den Kindergarten, sprechen Sie am besten mit den Erziehern, bevor Sie mit einer konkreten Planung beginnen. Denn in den meisten Kindergärten werden Geburtstage ebenfalls gefeiert, und zwei Partys an einem Tag sollten möglichst nicht stattfinden. Planen die Erzieher ein größeres Fest, so verlegen Sie Ihre Feier in Absprache mit dem Geburtstagskind besser auf einen anderen Tag. Allerdings sollte diese noch in der Geburtstagswoche stattfinden, da andernfalls der Bezug fehlt. Am besten informieren Sie die Erzieher auch über den geplanten Ablauf Ihrer Feier, damit sich Motto und Spiele nicht überschneiden.

Grundsätzlich gilt: Eine geschickte und frühzeitige Planung erspart Hektik und Stress. Deshalb finden Sie auf den folgenden Seiten einen Planungsüberblick, der Ihnen vermeiden hilft, dass die Geburtstagsvorbereitungen zu einem Wettlauf mit der Zeit werden!

Zwei Wochen vorher

▶ Wählen Sie gemeinsam mit Ihrem Kind unter zwei Mottopartys einen Vorschlag aus.

▶ Lesen Sie sich Ablauf und Spiele in Ruhe durch, damit Sie die Party gegebenenfalls in Ihrem Sinne variieren können.

▶ Suchen Sie mit Ihrem Kind Dekorationen, Ideen für Einladungskarten und eventuelle Verkleidungen aus.

▶ Stellen Sie gemeinsam eine Liste mit den Gästen auf. Als goldene Regel gilt: Die Anzahl der Jahre entspricht in etwa der Anzahl der eingeladenen Kinder.

▶ Besorgen Sie die notwendigen Bastelmaterialien.

▶ Basteln Sie gemeinsam mit Ihrem Kind die auserkorenen Einladungskarten. Legen Sie gegebenenfalls den Text der Geburtstagslieder und -gedichte (s. S. 151–160) bei.

▶ Gestalten Sie zusammen mit Ihrem Kind die verschiedenen Raumdekorationen.

▶ Lebensmittel, die sich lagern lassen, bereits einkaufen.

▶ Besorgen Sie Geburtstags- und Gastgeschenke.

▶ Möchten Sie die Feier lieber mit einem zweiten Erwachsenen durchführen, so bitten Sie jetzt schon Ihren Partner, Freunde oder Bekannte um Mithilfe.

Eine Woche vorher

▶ Bringen Sie die Einladungskarten mit Ihrem Kind während eines Spazierganges persönlich zu den Familien. Dann können Sie sofort das Motto des Festes mit den eventuell zu erlernenden Liedern erklären, über die Verkleidung, den Treffpunkt und andere wichtige Dinge sprechen.

▶ Basteln Sie allein oder mit Ihrem Kind an dem Raumschmuck, der Tischdekoration und der Verkleidung weiter.

▶ Lesen Sie sich noch einmal die Gestaltung der Feier durch. Suchen Sie jetzt schon das Material für die Spiele zusammen und legen Sie dieses in einen Karton oder Korb. Sammeln Sie auch sonst alle Dinge zusammen, die Sie für die Feier benötigen, und legen Sie diese griffbereit (z. B. Fotoapparat mit Film, Schminkstifte, Popcorntüten, Luftballons, Wunderkerzen, Stoffmalfarbe, Bollerwagen, Musik usw.).

▶ Feiern Sie in einem Keller, einer Garage, einem Gartenhaus, einer Scheune oder in einem anderen unbewohnten Raum, so räumen Sie ihn jetzt schon leer und beginnen mit dem Dekorieren.

Einen Tag vorher

▶ Stellen Sie Dekorationen und Raumvorbereitungen fertig.

▶ Bereiten Sie das Essen schon so weit als möglich vor (z. B. Kuchen backen, Teig herstellen etc., Salate anrichten).

▶ Kaufen Sie die noch fehlenden Lebensmittel ein.

▶ Dekorieren Sie mit Ihrem Kind den Gabentisch.

▶ Legen Sie alles, was Sie bisher zur Seite gestellt haben, griffbereit.

▶ Denken Sie an CDs oder Kassetten, denn auch Kinder tanzen gerne oder hören beim Essen Musik.

▶ Überdenken Sie noch einmal in Ruhe den Ablauf des nächsten Tages und freuen Sie sich auf das Fest. Es wird auch bestimmt für Sie ein Erlebnis der besonderen Art!

Am Geburtstagsvormittag

Eventuell letzte Dekorationen, letzte Vorbereitungen für Geburtstagsmenü und -spiele, noch einen letzten Blick in das Programm – und dann gönnen Sie sich mit einer guten Tasse Kaffee oder Tee einen Moment Ruhe. Tanken Sie auf, denn der Nachmittag wird turbulent genug!

Zum Ablauf einer Geburtstagsparty

Im Folgenden finden Sie ein Grundgerüst, an dem Sie sich für den Ablauf Ihrer Mottoparty orientieren können. Selbstverständlich handelt es sich hierbei nur um Vorschläge, die sich ganz nach Bedarf variieren lassen. Achten Sie aber in jedem Falle darauf, dass den Kindern zwischen den Programmpunkten genügend „Luft" zum Ausruhen, Trinken, Spielen etc. bleibt.

❶ Geburtstagsständchen: Sind alle Gäste eingetroffen, wird dem Geburtstagskind gemeinsam ein Lied vorgesungen (s. S. 151–155). Wenn vorhanden, hält jeder Sänger zur Feier des Tages eine Wunderkerze in der Hand.

❷ Geburtstagsgedicht: Zu Ehren des Geburtstagskindes sagen alle gemeinsam ein Geburtstagsgedicht (s. S. 156–159) auf.

3 Geschenke: Danach überreicht jeder Gast dem Geburtstagskind sein Geschenk und gratuliert noch einmal persönlich.

4 Rakete: Nun starten alle eine tosende Geburtstagsrakete:
Stufe 1: Auf die Oberschenkel schlagen
Stufe 2: Auf die Erde trampeln
Stufe 3: In die Hände klatschen
Stufe 4: Die Hände nach oben recken, in die Luft springen und laut „Aaaa" rufen

5 Geburtstagsgetränk: Jedes Kind erhält ein Glas Saft. Sie können das Glas mit einem bunten Strohhalm, einer Orangenscheibe und – im Sommer – mit Eiswürfeln mit eingefrorenen Gummibärchen dekorieren.

6 Zeit zum Reden, Spielen und Geschenke auspacken: Nun zeigt das Geburtstagskind stolz seine bereits erhaltenen Geschenke und packt weitere Mitbringsel aus. Alle gemeinsam spielen mit den neuen Errungenschaften. In der Zwischenzeit können Sie noch die restlichen Vorbereitungen für den weiteren Ablauf treffen.

7 Mottoparty: Nun beginnt die eigentliche Mottoparty mit Verkleidungen, Spielrunden und Mitmachgeschichten. Zur Stärkung gibt es kunterbunte Speisen.

8 Verabschiedung: Alle Gäste verabschieden sich mit einem Abschiedslied (s. S. 155–156). Ein Geburtstagstanz nach fetziger Musik und eine Auf-Wiedersehen-Rakete bereiten der Party ein stimmungsvolles Ende. Wenn Ihnen danach ist, so kann auch gemeinsam ein Gebet (s. S. 160) gesprochen werden. Abschließend überreicht das Geburtstagskind jedem Gast ein kleines Geschenk. Die Kinder werden abgeholt oder nach Hause gebracht.

Schloss Rosenrot

„Es war einmal auf Schloss Rosenrot …" – so könnte dieses Märchen beginnen. Und welches Kind möchte nicht gerne König oder Königin, Ritter, Burgfräulein, Schlosskoch oder königlicher Jäger sein? Diese Figuren sind allen aus unendlich vielen Geschichten bekannt, in der Karnevalszeit zählen sie zu den beliebtesten Verkleidungen. Grund genug, die Kinderparty unter ein entsprechendes Motto zu stellen. Geben Sie auf Ihrem Geburtstagsfest den Kindern einmal die Chance, königlich verwöhnt zu werden!

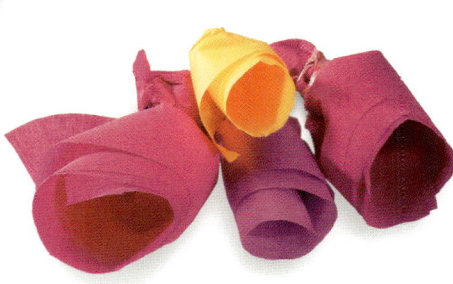

Ablauf

Nach der Begrüßung (s. S. 20–21) werden die Kinder zu königlichen Spielen und Spielliedern eingeladen. Darüber hinaus gibt's die Mitmachgeschichte vom König Gähnefix und jede Menge königliche Köstlichkeiten. Zum Abschied erhält jeder Gast ein „Juwel" (Kinderschmuck wie Ringe, Ketten etc.).

Einladungen

Schatzkiste

Schächtelchen (z. B. Käseschachteln), Glitzermaterialien (z. B. Glanzpapier, Goldpapier, Hologrammfolie, Glitter Glue, Glanzbilder, Kordeln, Knöpfe etc.), Steine, Klebstoff, Schere, Bleistift

Der Anzahl der Gäste entsprechend werden aus kleinen Schachteln mit den angegebenen Materialien Schatzkisten gestaltet. In diese legen Sie einen Zettel mit allen notwendigen Informationen. Ein kleiner „Edelstein", der ebenfalls in der Schatzkiste liegt, dient als „Eintrittskarte" für die Geburtstagsfeier.

Königliche Botschaft

Tonpapier (verschiedene Farben), Glitzermaterialien (z. B. Glanzpapier, Goldpapier, Hologrammfolie, Glitter Glue, Glanzbilder, Kordeln, Knöpfe etc.), Flaschenkorken, Kerze, Filzstifte, Klebstoff, Schere, Bleistift

Aus Tonpapier ein großes Quadrat schneiden. Die Ecken in die Mitte knicken. Den so entstandenen Umschlag wieder öffnen und die Einladung hineinschreiben. Das Geburtstagskind setzt seinen Daumenabdruck als königliche Unterschrift darunter. Die Ecken erneut zur Mitte knicken. Nun den Umschlag mit flüssigem Kerzenwachs verschließen und einem Korkenabdruck versiegeln. Abschließend die königliche Botschaft mit den angegebenen Glitzermaterialien fantasievoll gestalten.

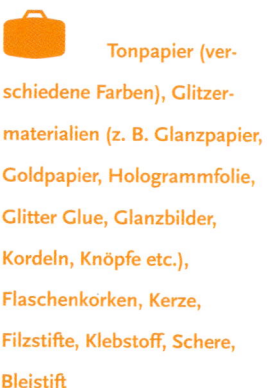

Im Namen der Krone

Goldpapier,
Glitzermaterialien (z. B.
Glanzpapier, Hologrammfolie,
Glitter Glue, Glanzbilder,
Kordeln, Knöpfe etc.),
Filzstifte, Schere,
Klebstoff,
Bleistift

Aus Goldpapier eine Krone schneiden; sie sollte so groß sein, dass sie auf jeden Kinderkopf passt. Nun die Krone mit den angegebenen Glitzermaterialien gestalten. Auf die Rückseite die Einladung schreiben, die Krone wie eine Ziehharmonika zusammenfalten. Sie dient als „Eintrittskarte" und Kopfbedeckung zugleich, d. h. jedes eingeladene Kind kann seine Krone zusammenkleben und aufsetzen.

Variation: Aus einem Bierdeckel, Goldpapier und einer Kordel können Sie auch leicht einen königlichen Orden fertigen, der als „Eintrittskarte" gilt.

Dekorationen

Der Festsaal

Luftballons,
Goldpapier, Stoffe (Rottöne),
Krepppapier (Rottöne),
Alufolie, Marmeladengläser,
Teelichter, Kerzen, evtl.
Umzugskartons, Pappröhren
und Tennisbälle

Ein leerer Kellerraum, eine Garage, ein Dachboden oder ein großer Flur lassen sich schnell in ein Kinder-Königreich verwandeln.

▶ Schmücken Sie Tische, Stühle, Hocker mit Alufolie, Goldpapier oder Stoffen als königliches Mobiliar. Übrigens: Alufolie lässt sich wieder verwerten!

▶ Becher, Teller, Kerzenständer mit Alufolie umwickeln. Den Tisch als königliche Tafel mit Goldpapier oder einem Samtstoff überziehen. Kerzen beziehungsweise Teelichter werden in Einmachgläser gestellt und erleuchten die Festtafel.

▶ Unter die Decke und an die Wände breite Bahnen aus Krepppapier (warme Rottöne), Stoff, Folie, Luftballons oder mit Alufolie umwickelte Tennisbälle hängen.

▶ Aus großen Kartons und Papprohren kann am Geburtstag von den Kindern ein Schloss gebaut werden.

Krepppapier-Rosen

Krepppapier (Rottöne), Nähgarn oder Geschenkband, Schaschlikstäbchen, Klebeband (doppelseitig), Schere, evtl. Blumenübertöpfe und Sand

Schneiden Sie aus Krepppapier einen 10 cm breiten und ca. 30 cm langen Streifen. Knicken Sie den Streifen an der Längsseite ca. 3 cm leicht um, sodass eine wulstige Kante entsteht. Nun rollen sie den Streifen locker wie eine Blüte zusammen und umwickeln den unteren Teil der Blüte fest mit Nähgarn oder Geschenkband. Fixieren Sie die Rosen als Schmuck mit doppelseitigem Klebeband an den mit Stoff oder Papier geschmückten Wänden.

Variation: Die Blüten an einen mit Geschenkband umwickelten Schaschlikstab kleben und in die Köstlichkeiten der Festtafel oder aber in mit Sand gefüllte Blumentöpfe stecken.

Verkleidungen

Die meisten Kinder haben dem Motto entsprechende Kostüme zu Hause. Sollte dennoch eine Verkleidung fehlen, so lassen sich aus Samtstoffen im Nu majestätische Umhänge zaubern.

Übrigens: Kochlöffel eignen sich hervorragend als Zepter!

Spiele

Königliche Verpackung

Schuhkarton,
Glitzermaterialien (z. B.
Glanzpapier, Goldpapier,
Hologrammfolie, Glitter Glue,
Glanzbilder, Kordeln, Knöpfe
etc.), Klebstoff, Schere

Aus einem Schuhkarton gestalten
Sie mit Glitzermaterialien eine
Schatztruhe. In dieser ruhen auf
kleinen Zetteln alle Spiele, Spiellieder
und die Mitmachgeschichte. Reihum
dürfen die Kinder einen Zettel ziehen und
geben so dem Spielenachmittag eine kunterbunte
Reihenfolge.

Königliche Jagd

2 Topfdeckel,
Decke

Ein Erwachsener ist Spielleiter. Er hält in der Hand zwei Topfdeckel.
Ein Kind ist der Jäger und alle anderen Kinder sind Rebhühner. In
einer Raumecke liegt eine Decke. Der Spielleiter erzählt eine kurze
Geschichte und die Mitspieler bewegen sich danach:

Früh am Morgen geht der königliche Jäger auf die Jagd, um für
das Mittagessen ein Rebhuhn zu schießen (Jäger geht durch den
Raum). Schon nach kurzer Zeit kommt er zu einer Wiese, auf der
viele Rebhühner ihr Fressen suchen (Kinder gehen durch den Raum,
bücken sich dabei einige Male und suchen mit ihren Fingern Futter).
Leise schleicht sich der Jäger heran (Jäger schleicht leise). Plötzlich
gibt es einen Knall (Topfdeckel zusammenschlagen) und die Rebhühner fliegen aufgeregt davon (Kinder laufen auf die Decke und
der Jäger versucht, ein Kind zu fangen).

Hat der Jäger ein Kind gefangen, spielt dieses in der nächsten
Runde den Jäger. War er erfolglos, so muss der alte Jäger sein Glück
noch einmal versuchen.

Variation: Auf diese Weise können noch andere Tiere gejagt
werden (beispielsweise Hasen, Rehe oder Wildschweine).

Prinzessin, wo bist du?

2 Tücher als
Augenbinden

Ein Kind spielt die Prinzessin, ein anderes den König. Beiden werden die Augen verbunden. Es ist dunkel und die Prinzessin hat sich im Schlosspark verlaufen. Der König sucht sie und ruft: „Prinzessin, wo bist du?" Die Prinzessin ruft: „Hier!" Dabei bewegen sich beide im Raum. Der König muss versuchen, die Prinzessin zu finden, indem er stets aufs Neue nach ihr ruft und sie immer wieder antwortet. Haben die beiden sich gefunden, übernehmen zwei andere Kinder die Rollen.

Der Gute-Laune-König

Hocker, Decke

Im Raum steht ein Hocker. Ein Kind ist der Gute-Laune-König und steht auf dem Hocker. Der König versucht, sein Volk zum Lachen zu bringen. Er macht Bewegungen und Grimassen, die sein Volk imitiert. Die Bewegungen und Grimassen verändern sich schnell, sodass sein Volk gut aufpassen muss. Springt er vom Hocker und läuft in sein Schloss (Decke), so springt schnell ein anderes Kind auf den Hocker und ist nun der Gute-Laune-König. Das Spiel kann mehrmals wiederholt werden.

Königstanz

Rekorder mit
Tanzmusik, Stuhl

Ein Erwachsener ist Spielleiter. In der Kreismitte steht ein Stuhl. Er ist der Thron, auf dem nur ein König sitzen darf. Die Kinder tanzen nach der Musik. Stellt der Spielleiter die Musik aus, so versuchen die Kinder, sich möglichst schnell auf den Thron zu setzen, um König zu sein. Das Kind, welches zuerst den Thron besetzt hat, ist der König und regelt nun den Rekorder. So nimmt die Zahl der Könige zu und die der Mitspieler ab, bis zum Schluss nur noch ein Kind übrig ist.

Die verschwundene Krone

Tuch als Augen-
binde, Krone aus
Goldpapier

Der Prinz hat im Park die Krone verloren. Es ist dunkel und deshalb kann er sie nicht finden. Doch die freundliche Schlosseule Else hilft beim Suchen. Dem Prinzen werden die Augen verbunden, und die Krone wird in den Raum gelegt. Der Prinz krabbelt suchend durch den Raum, wobei die Eule dem suchenden Kind die Richtung vorgibt. Hat es seine Krone gefunden, so kann das Spiel mit zwei anderen Kindern wiederholt werden.

Der Entendieb

Quietscheente

Die königliche Ente, das Lieblingsspieltier Seiner Majestät, ist gestohlen worden. Ein Diener muss sie suchen und den Dieb finden. Ein Kind verlässt als Diener den Raum. Der Dieb versteckt die Ente hinter seinem Rücken. Alle anderen Kinder halten ihre Hände ebenfalls auf dem Rücken. Der Diener kommt herein und ruft immer: „Ente, piep einmal!" Der Dieb quietscht mit der Ente. Der Diener muss nun erraten, wer die Ente gestohlen hat. Für die nächste Spielrunde werden die Rollen getauscht. Der Dieb ist nun der Diener und muss die Ente suchen. Das Spiel kann mehrmals wiederholt werden.

Spiellied „Ein König steht im Kreise"

Ein Männlein
steht im Walde

Krone aus
Goldpapier

Spielablauf: Die Kinder sitzen oder stehen im Kreis. Ein Kind steht in der Mitte. Es ist der König und hat eine Krone aus Goldpapier auf.

Ein König steht im Kreise, so ganz allein.
Er möchte gerne tanzen, doch nur zu zwein.
(Das Kind stellt sich vor ein anderes Kind und alle singen.)

Du sollst heut mein König sein,
komm mit mir in den Kreis hinein.
(Beide tanzen im Kreis und singen.)

So tanzen sie vergnügt nun im Sonnenschein.
(Statt „tanzen" kann auch „hüpfen" „springen" oder „drehen" gesungen werden.)

Nun bekommt das aufgeforderte Kind die Krone und das Lied wird noch einmal gesungen und gespielt.

Spiellied „Der König hier im Kreise"

Häschen in der
Grube

Krone aus
Goldpapier, Stuhl

Spielablauf: Ein Kind sitzt in der Kreismitte auf einem Stuhl. Es hat eine Krone auf und spielt einen schlafenden König. Die anderen Kinder singen das Lied. In der letzten Zeile macht der König die entsprechenden Bewegungen und sucht sich ein neues Kind. Welche Bewegung er auszuführen hat, wird nicht verraten. Das erfährt er erst im Lied.

Der König hier im Kreise, sitzt da und schläft, sitzt da und schläft.
Armer König, bist du krank, dass du nicht mehr laufen
(tanzen, springen, hüpfen) kannst?
Lauf nach Haus, lauf nach Haus, such dir einen König aus.

Mitmachgeschichte

Der müde König Gähnefix

Spielablauf: Die Kinder hören sich zuerst die Geschichte an und spielen sie in der zweiten Runde pantomimisch mit.

Weit draußen, hinter dem Wald mit vielen Tannen (die Hände nach oben halten), hinter spitzen Bergen (die Hände über den Kopf zusammenführen) und den tiefen Tälern (die Hände vor dem Körper zusammenführen und sich nach unten beugen), lebt in einem alten Schloss der König Gähnefix. Er ist immer müde und gähnt (gähnen) von morgens bis abends. König Gähnefix gähnt sogar, wenn er mit seinem Pferd durch die Wälder reitet („reiten" und gähnen). Er sieht oft gar nicht die Hasen, die ihn hoppelnd (hoppeln wie Hasen) ein Stück auf seinem Weg begleiten, und hört auch gar nicht die Vögel, die laut zwitschernd mit ihm fliegen (die Arme seitlich ausstrecken und durch den Raum laufen), weil er immer nur gähnt (gähnen).

Heute ist König Gähnefix schon sehr früh aufgestanden, denn er ist zu einem großen Fest auf Schloss Drachenfels geladen. Dort feiert sein Freund, der König Springinsfeld (alle springen durch den

Raum) seinen Geburtstag. Wie alt er wird, das weiß niemand, das ist ein großes Geheimnis und wird auch niemals verraten. Da es bis zum Schloss Drachenfels sehr weit ist, macht sich Gähnefix schon früh auf den Weg. Als die Sonne gerade aufgegangen ist (von der Hocke in den Stand kommen und die Hände im weiten Bogen auseinander führen), reitet er los (durch den Raum „reiten"). Gähnefix ist wie immer sehr müde und gähnt (gähnen). Wieder sieht er nicht die Hasen, die ihn ein ganzes Stück begleiten (durch den Raum hoppeln) und hört nicht die Vögel, die mit ihm fliegen und ein Lied zwitschern (die Arme seitlich ausstrecken, durch den Raum laufen und zwitschern). Als die Sonne untergeht (langsam in die Hocke gehen und die Hände von oben nach unten führen), hat er sein Ziel erreicht. Von weitem hört er schon lautes Lachen, Musik und viel Lärm (alle lärmen frei nach Fantasie, singen oder lachen). König Gähnefix hat eigentlich gar keine Lust zu feiern. Er möchte am liebsten sofort ins Bett. Gähnend steht er vor dem Schlosstor (gähnen) und schaut sich die fröhlichen Gäste an (alle sind fröhlich). Da sieht ihn König Springinsfeld. Er kommt springend und hüpfend (alle springen und hüpfen durch den Raum) auf Gähnefix zu, der wie immer gähnt (gähnen). Doch Springinsfeld stört das nicht. Er fasst seinen Gast an der Hand und im Nu springt, hüpft und lacht Gähnefix (alle springen, hüpfen und lachen) mit allen anderen Gästen. Er hört gar nicht mehr auf. Die ganze Nacht wird nun gesprungen, getanzt, gelacht und Geburtstag gefeiert (alle springen, tanzen usw.). Auch Gähnefix macht mit und dabei vergisst er doch tatsächlich das Gähnen. Erst spät am nächsten Morgen ist die Feier zu Ende und alle gehen nach Haus. Gähnefix schläft heute bei seinem Freund, dem König Springinsfeld. Erst als Gähnefix im Bett liegt (alle legen sich auf den Boden), wird er wieder müde, gähnt (alle gähnen) und schläft dann ein. Wenn ihr nun ganz leise seid, dann hört ihr ihn nicht mehr gähnen, sondern leise schnarchen (alle schnarchen).

Schluss: Das Geburtstagskind kräht wie ein Hahn und alle werden wieder wach.

Rezeptideen: Königliche Köstlichkeiten

Königstorte

Für den Teig:
4 Eigelb, 4 Eiweiß,
4 El. lauwarmes Wasser,
125 g Puderzucker, 1 Pr. Salz,
75 g Mehl, 75 g Speisestärke,
1 Messerspitze Backpulver
Für den Belag:
150 g Zucker,
1 Päckchen Vanillinzucker,
2 Eier, 150 g Butter,
150 g Erdbeermarmelade
Zum Verzieren:
bunte Liebesperlen

Aus den Teigzutaten einen Teig herstellen und diesen 25 Minuten bei 175° backen.

Für den Belag Zucker, Vanillinzucker und Eier in eine Schüssel geben, schaumig schlagen und im Kühlschrank ruhen lassen. Diese Creme zwischendurch immer wieder schlagen. Danach die Creme aus dem Kühlschrank nehmen. Die Butter (Zimmertemperatur) gut verrühren und langsam unter die Masse geben. Den gebackenen Boden einmal durchschneiden und mit Marmelade und Creme bestreichen. Alternativ können Sie auch den Boden zweimal durchschneiden und einen Teil mit Marmelade sowie den anderen mit Creme bestreichen. Danach setzt man die Böden wieder aufeinander. Nun wird der Königskuchen auch von außen mit der Creme bestrichen. Ein wenig Creme in einen Spritzbeutel geben und mit diesem eine Krone auf die Torte spritzen. Die Krone abschließend mit Liebesperlen verzieren.

Königlicher Kirschreis

1 Glas
Sauerkirschen (entsteint),
1 El. Speisestärke,
1 Tüte Milchreis, Milch

Den Milchreis nach Vorschrift kochen, dabei immer rühren, sonst setzt er leicht im Topf an. Die Sauerkirschen mit der Speisestärke aufkochen lassen. Wenn der Milchreis fertig ist, werden die Kirschen über den Milchreis gegeben und der Kirschreis ist fertig.

Variation: Statt der Kirschen können auch andere Früchte genommen werden.

Schatzknödel

(für ca. 16 Knödel)
Pflaumen aus dem Glas,
500 g Kartoffeln, 40 g Grieß,
50 g Mehl, 2 Eigelb,
30 g Margarine, Salz,
100 g Paniermehl,
100 g Butter,
Zimt-Zucker-Gemisch

Die Kartoffeln am Tag zuvor kochen und abkühlen lassen. Kartoffeln reiben und mit Mehl, Grieß, Eigelb, Margarine und etwas Salz zu einem feinen Teig verkneten. Daraus ca. 16 Knödel formen und jeweils eine Pflaume hineingeben. Die Knödel in kochendem Salzwasser ca. acht bis zehn Minuten ziehen lassen.

In der Zwischenzeit das Paniermehl im Fett anbräunen. Die Knödel mit etwas zerlassener Butter, dem Zimt-Zucker-Gemisch und dem Paniermehl servieren.

Tipp: Den Teig bzw. die Knödel können Sie so weit vorbereiten, dass sie bei der Geburtstagsfeier nur noch in das Salzwasser gelegt werden müssen.

Armer Ritter

(für ca. 8 Portionen) Tüte Zwieback, ¹/₄ l Milch, 2 Eier, 1 El. Zimt-Zucker-Gemisch, Apfelmus

Alle Zutaten miteinander verrühren, den Zwieback darin wenden und in einer Pfanne goldbraun braten. Mit Zimt und Zucker bestreuen und genießen.

Variation: Apfelmus als Beilage reichen.

Kaiserschmarrn

4 Eier, 30 g Zucker, 1 Pr. Salz, 1 Päckchen Vanillinzucker, 125 g Mehl, 400 ml. Milch, 50 g Rosinen, Margarine zum Backen, Puderzucker zum Bestreuen

Eier trennen und das Eigelb mit Zucker, Salz und Vanillinzucker cremig schlagen, Mehl und Milch abwechselnd unterrühren, Rosinen dazugeben. Eiweiß steif schlagen und unter den Teig heben. Nun Pfannkuchen backen. Wenn der Pfannkuchen von beiden Seiten goldgelb ist, wird er mit zwei Gabeln in der Pfanne zerkleinert und weiter gebraten. Vor dem Servieren mit Puderzucker bestreuen.

Tipp: Alle warmen Gerichte können zusammen mit den Kindern in der königlichen Küche vorbereitet werden. Laden Sie die Kinder mit einem kleinen Lied in die Küche ein. Sind Sie als königlicher Koch verkleidet, schmeckt das Essen sicherlich noch mal so gut!

Kinder, es ist wirklich fein
für euch heute Koch zu sein.
Fideralala …

Ich backe, koche dies und das,
das geht sehr schnell und macht mir Spaß.
Fideralala …

Ihr sollt heute meine Gäste sein,
kommt mit mir in die Küche rein.
Fideralala …

Schaut zu und gebt beim Backen (Kochen) Acht,
dann seht ihr, wie man Kuchen (Speisen) macht.
Fideralala …

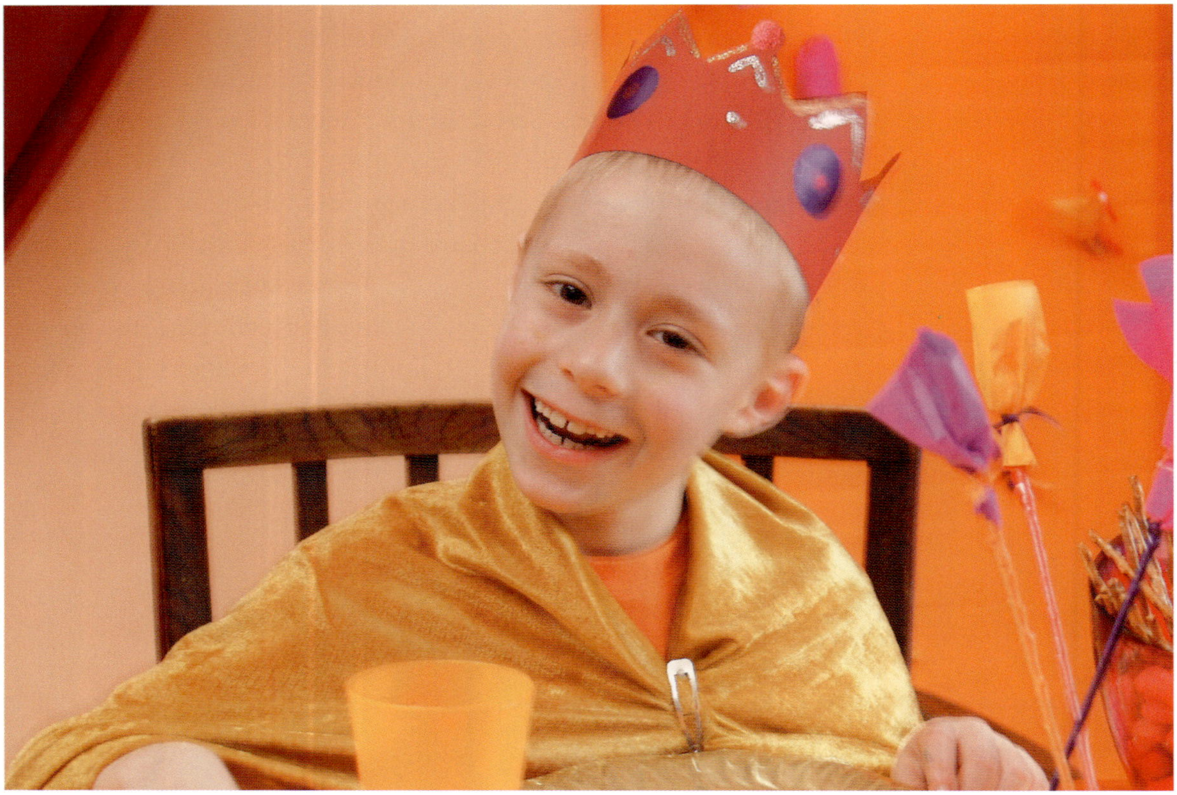

Ein tierisch guter Geburtstag

Ob Schnecke Nimmersatt, fleißige Bienchen oder singende Spinnen: Auf einem tierisch guten Geburtstag gibt's immer viel zu staunen! Dieses Motto ist unabhängig von Zeit und Ort, die Party kann sowohl im Garten, in einer Garage, in einem Keller oder in einem Park gefeiert werden. Sich in Tiere zu verwandeln macht allen Kindern großen Spaß und entsprechende Verkleidungen finden sich in jedem Haushalt.

Ablauf

Nach der Begrüßung (s. S. 20–21) eröffnen Sie die Spielerunde. Etwa zur Halbzeit können alle gemeinsam Popcorn zubereiten, bevor eine Mitmachgeschichte vorgelesen wird. Nach Hähnchenspieß und Rosinenmäusen erhalten die Kinder ein tierisch gutes Abschiedsgeschenk (kleines Gummi- oder Stofftier etc.).

Einladungen

Fantasietiere

Tonkarton (verschiedene Farben), Tonpapier, Transparent- oder Krepppapier (verschiedene Farben), Wollreste, Bast, Korken, Knöpfe etc., Filzstifte (dick), Klebstoff, Schere, Bleistift, Geschenkband

Aus dem Tonkarton beliebig große Kreise schneiden (z. B. Größe einer Untertasse) und verschiedenste Tiere aus den aufgeführten Materialien frei gestalten – am besten erhält jeder Gast ein anderes Motiv. Den Einladungstext auf die Rückseite schreiben und am oberen Rand ein Geschenkband durchziehen. So können sich die Kinder ihre Einladung als „Eintrittskarte" umhängen, wenn sie zur Party erscheinen.

Katzenkarte

Tonkarton (verschiedene Farben), Transparentpapier (verschiedene Farben), Wollreste, Luftballons (rot), Filzstifte (dick), Klebstoff, Schere, Bleistift, evtl. Tieraugen

Als Erstes aus Tonkarton ein Rechteck schneiden. Schmale Seite auf schmale Seite zusammenfalten. Aus Transparent- und Bastelpapier einen Katzenkopf frei gestalten und auf die Karte kleben.

Variationen: Die Maullinie vorsichtig aufschneiden und einen Luftballon hineinstecken. Der Luftballon dient als kleines Geschenk, mit dem das eingeladene

Kind sofort spielen kann. In die Innenseite der Karte den Einladungstext schreiben.

Die Katzenzunge lässt sich auch aus rotem Tonkarton fertigen. Schneiden Sie diese so lang aus, dass der ganze Einladungstext draufgeschrieben werden kann. Die Zunge wird ins Katzenmaul gesteckt und kann langsam herausgezogen werden.

Eichhörnchen

Tonkarton (verschiedene Farben), Knöpfe, Perlen, Wollreste, Geschenkbänder, Filzstifte, Klebstoff, Schere, Bleistift

Aus Tonkarton einen 4 x 18 cm breiten Streifen schneiden. Auf einen weiteren Tonkarton ein Eichhörnchen zeichnen und ausschneiden. Dieses an das schmale Ende des Kartonstreifens kleben und mit den angegebenen Materialien frei gestalten. Auf die Rückseite wird die Einladung geschrieben. Das Eichhörnchen kann später als Lesezeichen genutzt werden.

Variation: Das Eichhörnchen kann auch mit einer Büroklammer befestigt werden und lässt sich so noch hin und her bewegen.

Tonpapier (verschiedene Farben), Filzstifte, Schere, Bleistift

Bärengirlande

Aus dem Tonpapier wird ein ca. 10 cm breiter Streifen geschnitten, der so lang ist, dass sich eine dem Alter des Geburtstagskindes entsprechende Bärengirlande fertigen lässt (Beispiel: vier Jahre – vier Bären fassen sich an). Nun den Streifen wie eine Ziehharmonika falten (ca. 8 cm breit). Auf die Vorderseite einen Bären malen und ausschneiden. Hierbei die Bärentatze zum Falz hin nicht ausschneiden, damit beim Auseinanderfalten eine Girlande entsteht. Die Bären fassen sich an der Hand und können nun frei gestaltet werden. Auf die Rückseite den Einladungstext schreiben. Die Girlande kann aufgehängt oder aufgestellt werden und erinnert so noch lange an das Geburtstagsfest.

Dekorationen

Papptellertiere

Der Fantasie sind bei dieser Raumdekoration keine Grenzen gesetzt. Aus den
Papptellern lassen sich Fische, Eulen, Schmet-
terlinge, Hasen, Katzen, Mäuse, Hühner, Schildkröten und viele
Tiere mehr fertigen. Einfach die Motive Ihrer Wahl aufmalen, mit
den angegebenen Materialien frei gestalten und einen Wollfaden als
Aufhängung durchziehen. So können Sie die Papptellertiere unter
der Decke oder an den Wänden befestigen. Wird der Geburtstag
draußen gefeiert, hängen Sie die Dekoration in Bäume und Sträucher
oder aber an Schnüre, die kreuz und quer gezogen werden.

Variation: Die Tiere erhalten ein plastisches Aussehen, wenn der
Bauch aus zwei zusammengehefteten
Papptellern besteht.

Tipp: Ihr Kind kann schon lange
vorher diesen Raumschmuck herstellen. Doch auch am Geburts-
tagstag selbst können die Gäste
Papptellertiere basteln.

Luftballontiere

Als Erstes die Luftballons aufblasen und
fest verknoten. Sodann mit den angegebenen
Materialien fantasievoll als Tiere gestalten.

**Pappteller, Bastel-
karton (verschiedene Farben),
Wabenpapier (verschiedene
Farben), Krepppapier
(verschiedene Farben),
Eierkartons, Korken, Federn,
Pfeifenputzer, Wollreste,
Wasserfarben, Wachsmal-
stifte, Filzstifte, Buntstifte,
Heftklammern, Locher,
Klebstoff, Schere, Bleistift**

**Luftballons
(verschiedene Farben), Bastel-
karton (verschiedene Farben),
Wabenpapier (verschiedene
Farben), Luftschlangen,
Pfeifenputzer, Bast, Wollreste,
Bastelfedern, Folienstifte,
Klebstoff, Klebeband, Schere**

Tiermasken

Aus festen Papiertüten und den genannten Materialien werden Tiermasken gebastelt, mit denen sich das Partyzimmer dekorieren lässt. Darüber hinaus können die Gäste die Masken über den Kopf ziehen (Mund- und Nasenlöcher müssten hierfür ausgeschnitten werden!) und sich so im Handumdrehen in kunterbunte Tiere verwandeln.

Tipp: Selbstverständlich können Sie einen tierisch guten Geburtstag weiter eingrenzen, indem Sie beispielsweise Bauernhoftiere, Dschungeltiere oder Wassertiere etc. als Motto ausrufen. So lässt sich mithilfe von blauen Mülltüten jeder Raum schnell in eine Unterwasserlandschaft verwandeln. Mit grünen Krepppapierstreifen hingegen oder auf Tapetenrollen aufgemalten wilden Tieren zaubern Sie rasch einen Urwald herbei. Nun noch etwas Schummerlicht, Wassergeräusche oder Trommelmusik – und schon fühlen sich die Kinder in einer anderen Welt!

Kinder, die ohne Verkleidung erscheinen, können von Ihnen zur Begrüßung geschminkt werden und erhalten eine lustige Schweinchennase (s. S. 42).

Verkleidungen

Hase

Fertigen Sie aus Bastelkarton ein Paar Hasenohren. Diese befestigen Sie an einem etwa 10 cm breiten und 54 cm langen Pappstreifen, der zu einem Kreis geschlossen und aufgesetzt wird. Aus den Wollresten einen Pompon als Stummelschwanz fertigen und mit doppelseitigem Klebeband fixieren. Abschließend ein Hasengesicht mit langen Hasenzähnen schminken.

Huhn

Strumpfhose (braun, weiß), T-Shirt, evtl. Handschuhe, Bastelkarton (verschiedene Farben), Bastelfedern (verschiedene Farben), Klebeband (doppelseitig), Schminkfarben, Schere

Bastelfedern mit doppelseitigem Klebeband an der Kleidung fixieren. Aus Bastelkarton verschiedenfarbige Federn schneiden, diese an einem etwa 10 cm bereiten und 54 cm langen Pappstreifen befestigen. Nun den Pappstreifen zum Kopfschmuck schließen. Jetzt fehlt nur noch ein entsprechend geschminktes Gesicht!

Schweinchennasen

Eierkarton, Wasserfarben, Gummilitze, Schere

Ein Segment aus einem Eierkarton herauslösen, mit Wasserfarben in Rosa anmalen und mit einem dünnen Gummiband versehen. Die Schweinchennase wird nun auf die eigene Nase gesetzt.

Katze

Bastelkarton, Fellreste, Schminkfarben, Klebeband (doppelseitig), Heftklammern, Sicherheitsnadeln, Schere

An die Kleidung werden mit doppelseitigem Klebeband Fellreste geklebt, eine dicke Kordel oder aber ein breiter Fellstreifen dient als Schwanz. Die Katzenohren schneiden Sie aus Bastelkarton und dekorieren diese ebenfalls mit Fellresten. Nun die Ohren an einem etwa 10 cm breiten und 54 cm langen Pappstreifen befestigen und diesen an den Enden mit Heftklammern schließen. So können die Katzenohren problemlos aufgesetzt werden. Nun noch das Gesicht schminken – und fertig ist die Katze!

Spiele

Eine tierisch gute Verpackung

Sämtliche Spiele und Spiellieder wie auch die Mitmachgeschichte werden auf Zettel geschrieben. Diese stecken Sie beispielsweise in Filmdosen oder Streichholzschachteln und legen sie in einen Wühlsack mit Heu oder in eine Wühlwanne mit Erbsen. Reihum darf nun das nächste Spiel gezogen werden.

Singende Spinne

**Wollknäuel,
2 Löffel**

Alle Kinder sitzen im Kreis. Das Geburtstagskind hält das Knäuel in der Hand und singt ein Lied, das ihm gerade einfällt; die anderen Kinder können mitsingen. Der Spielleiter (Erwachsener) hält zwei Löffel in der Hand. Schlägt er diese zusammen, so hört das Kind auf zu singen und wirft das Knäuel einem anderen Kind zu, hält aber den Anfang des Fadens fest. Das zweite Kind singt nun. Hört es das Signal, wirft es das Knäuel dem nächsten Kind zu und hält ebenfalls den Faden fest usw. So entsteht ein immer dichteres Spinnennetz. Auf ein Kommando des Spielleiters ziehen alle so lange und so fest, bis das Spinnennetz zerreißt.

Tierpaare suchen

Je zwei Kindern wird das gleiche Tier ins Ohr geflüstert. Haben alle einen – natürlich streng geheimen – Namen, den sie für sich behalten, werden ihnen die Augen verbunden. Nun imitieren alle Kinder gleichzeitig das Geräusch ihres Tieres (z. B. bellen, miauen, quieken, zischen, blubbern usw.). Die Kinder müssen sich nun als Paar finden. Haben sich zwei gleiche Tiere gefunden, bleiben sie stehen und werden still. Mit der Zeit sind immer weniger Tierstimmen zu hören, bis irgendwann gänzliche Ruhe eintritt.

Schnecke Nimmersatt

Ein Kind spielt die Schnecke. Es bekommt die Augen verbunden und die beiden Holzlöffel in die Hand. Die anderen Kinder sind die Salatköpfe und verteilen sich im ganzen Raum. Sie knien auf dem Boden. Nun muss sich die hungrige Schnecke auf Futtersuche begeben. Sie kriecht durch den Raum und ertastet mit ihren Fühlern die Umgebung. Hat sie ein Kind berührt, also einen Salatkopf gefunden und sich daran satt gefressen, ist ein anderes Kind die Schnecke.

Heute bin ich froh ...

Alle Kinder sitzen im Kreis. Das Geburtstagskind denkt sich eine Tierbewegung aus und sagt: „Heute bin ich froh und darum hüpf ich so." Alle Kinder hüpfen so lange, bis das Geburtstagskind wieder sitzt. Nun kann sich ein anderes Kind ein neues Tier ausdenken.

Fleißige Bienen

viele Watte-
bäusche, 1 Strohhalm (dick)
pro Mitspieler, 2 Löffel, 1 Topf
oder Teller pro Mitspieler,
Honigbonbons

Die Wattebäusche werden im Raum verteilt – es sind die Blumenblüten mit köstlichem Nektar. Das Geburtstagskind spielt die Bienenkönigin und sitzt auf einem Stuhl. Die anderen Kinder sind Bienen, und jede von ihnen stellt ihren Teller vor die Bienenkönigin. Heute müssen alle Bienen Nektar sammeln und ihrer Königin bringen. Sie will sehen, wie fleißig ihre Bienen sind. Der Spielleiter (Erwachsener) schlägt zwei Löffel zusammen, und die Bienen fliegen los. Mit ihrem Strohhalm saugen sie jeweils einen Wattebausch an und bringen ihn zu ihrem Teller. Wenn keine Watte mehr auf dem Boden liegt, ist das Spiel beendet. Zur Belohnung erhält jede Biene ein Honigbonbon. Die Bienenkönigin zählt nun von jedem Kind den Nektar, der Gewinner spielt in der nächsten Runde die Bienenkönigin.

Schwänzchen fangen

1 Geschirrtuch
pro Mitspieler

Ein Kind ist der Tierfänger. Den anderen Kindern wird auf ihrem Rücken ein Geschirrtuch locker in die Hose gesteckt. Der Fänger steht startbereit. Auf ein Kommando laufen alle Tiere los. Der Fänger versucht, ein Tier am Schwanz zu fangen. Das gefangene Tier ruht sich auf einen Stuhl aus oder ist in der nächsten Runde Tierfänger.

Huhn und Marder

Tennisbälle oder schwach aufgeblasene Luftballons, 2 Tücher als Augenbinden, 2 Plastikschüsseln oder Körbe

Im Raum verteilt liegen die Bälle. Es sind die Eier, die im Hühnerstall liegen. Ein Kind ist das Huhn, ein Kind der Marder. Beiden werden die Augen verbunden, und sie erhalten eine Schüssel. Auf ein Kommando krabbeln beide los und müssen viele Eier einsammeln. Der Marder will sie stehlen, und das Huhn muss versuchen, so viele Eier wie möglich vor dem Marder zu retten.

Spiellied

Spielablauf: Die Kinder sitzen im Kreis und sind in jeder Strophe ein anderes Tier, dessen Bewegung sie imitieren. Bei der Auswahl der Tiere können die Kinder natürlich fleißig mitüberlegen.

Zeigt her eure Füße

Zeigt her Eure Füße und gebt einmal Acht,
was so ein kleines Pferd am Tage alles macht.
Es läuft, es läuft, es läuft so schnell herum
und ist es dann müde, dann kehrt es wieder um.

Die Kinder laufen durch den Raum und setzen sich wieder.
Weitere Möglichkeiten:
Fisch …, Er schwimmt …
Vogel …, Er fliegt …
Käfer …, Er krabbelt …
Elefant …, Er stampft usw.

Mitmachgeschichte

evtl. Bildkarten
oder Stofftiere

Drei Freunde

Spielablauf: Die Kinder imitieren die Geräusche bestimmter Tiere. Die zu imitierenden Tiere sind jeweils großgeschrieben. Für kleine Kinder können Sie jeweils Bildkarten oder Stofftiere hochhalten.

Auf einer Wiese wohnen seit vielen Jahren der FROSCH QUAK, die BIENE SUMM und der VOGEL PIEP. Sie sind Freunde und niemals macht einer etwas ohne den anderen. QUAK ist der Älteste unter den drei Freunden und er kann nicht mehr so gut sehen. Wenn er mit seiner langen Zunge Mücken fangen will, dann passiert es ihm in der letzten Zeit sehr oft, dass er die Mücke nicht trifft. Aus diesem Grunde geht QUAK abends oft hungrig ins Bett. Er wird von Tag zu Tag dünner und hat kaum noch Kraft zu hüpfen.

In drei Tagen hat er Geburtstag und dann wollen SUMM und PIEP ihm etwas sehr Schönes schenken. Aber was braucht ein alter Frosch? QUAK hat eigentlich alles. Die BIENE SUMM und der VOGEL PIEP sitzen auf einem großen Blatt und denken sich ein Geschenk für ihren Freund QUAK aus. Wie sie da so sitzen, kommt die Eule Eulalie angeflogen. Sie setzt sich zu ihnen und fragt: „Warum schaut ihr zwei so nachdenklich?" „Ach", sagt SUMM, „wir suchen ein Geschenk für QUAK, doch fällt uns nichts ein." „Er hat ja alles", ergänzt PIEP, „und deshalb braucht er auch nichts." Eulalie, die auch weiß, dass QUAK nicht mehr so gut sehen kann, hat sofort eine Idee. „Ich weiß ein Geschenk für QUAK", sagt sie. „Schenkt ihm doch eine Brille. In der letzten Woche habe ich eine neue bekommen. Wenn ihr wollt, gebe ich euch meine alte. Die könnt ihr eurem Freund schenken." Das ist eine gute Idee, und SUMM und PIEP fliegen mit Eulalie zu ihrer Höhle. Sie gibt ihnen die Brille, und SUMM und PIEP bedanken sich. Am nächsten Tag ist es dann so weit. Kaum ist es hell, da stehen PIEP und SUMM auch schon vor QUAK und bringen ihm ein Geburtstagsständchen. Danach überreichen sie ihm ihr Geschenk. QUAK ist erstaunt. „Ein Frosch mit einer Brille", sagt er, „das sieht bestimmt lustig aus." Dann setzt er die Brille auf und ist überrascht. QUAK kann wieder alles ganz klar sehen. Er sieht direkt vor sich eine Mücke und schwapp, da hat er sie auch schon. QUAK ist froh, endlich kann er sich wieder satt fressen und das hat er seinen Freunden SUMM und PIEP zu verdanken. Doch PIEP und SUMM erzählen, dass Eulalie ihnen die Brille geschenkt habe. Zum Dank wird auch sie zum Geburtstag geladen und SUMM, PIEP, QUAK und Eulalie feiern bis weit in die Nacht hinein. Als alle den Heimweg antreten, sagt QUAK noch einmal: „Danke für die Brille" und mit der Brille auf der Nase schläft er in dieser Nacht ein.

Tierisch gute Rezeptideen

Der Popcornbäcker

Popcornmais, Öl, Puderzucker

Pfanne mit Deckel, Sieb, Schüssel, kleine Tüten

Öl in einer Pfanne erhitzen. Den Pfannenboden mit Popcornmais bedecken, Deckel schließen. Schon nach kurzer Zeit fangen die Körner an zu puffen. Nun mit verschlossenem Deckel die Pfanne leicht hin und her bewegen, damit das Popcorn nicht anbrennt. Ist kein Puffen mehr zu hören, dann ist das Popcorn fertig. Dieses in eine Schüssel geben, mit Puderzucker bestreuen, in Tüten füllen, essen und genießen!

Sie können das Popcorn frisch herstellen, wenn die Geburtstagsgäste schon da sind; denn warm schmeckt es am besten. Wenn Sie die Kinder zuschauen lassen und dabei noch ein Popcornlied singen, dann ist das ganze ein schöner Geburtstagsspaß. Geben Sie den

Kindern zwei Kaffeelöffel in die Hand. Damit können sie die letzten beiden Zeilen jeder Popcornstrophe begleiten.

Vogelhochzeit

Ich lade euch nun alle ein,
beim Popcornmachen dabei zu sein.
Es macht puff, puff, puff,
es macht puff, puff, puff,
es macht puff, puff, puff, puff, puff.

Das Öl wird in der Pfanne heiß,
darauf streu ich nun Popcornmais.
Es macht puff …

Deckel zu und hört euch an,
was das Korn nun machen kann.
Es macht puff …

Es pufft ganz laut, es geht im Nu,
wir schau'n dem Popcornbäcker zu.
Es macht puff …

Die Pfanne, die ist ganz schnell voll,
das Popcorn duftet wundervoll.
Es macht puff …

Puderzucker streu ich drauf
und esse nun das Popcorn auf.
Es macht puff …

Das Popcorn knackt in meinem Mund,
es schmeckt sehr gut und ist gesund.
Es macht puff …

Und ist die Popcorntüte leer,
hol ich schnell neues Popcorn her.
Es macht puff …

Leckere Hähnchenspieße

 Hähnchenbrust-
filets, verschiedene Früchte
wie Anananas, Birnen, Äpfel
etc., Sojasauce, Salz, Pfeffer,
Schaschlikspieße

Hähnchenfleisch mag jedes Kind. Beschließen Sie die Feier mit einem
tierisch guten Essen. Dafür wird eine der Anwesenden entsprechen-
de Menge Hähnchenfleisch in Stücke geschnitten, ca. eine Stunde in
Sojasoße mariniert, mit Salz und Pfeffer gewürzt und kurz in der
Pfanne gebraten. Danach abwechselnd mit Obststücken auf einen
Spieß ziehen. Ein Toastbrot dazu und der leckere Schmaus ist fertig.
Die Spieße können auch kalt gegessen werden, lassen sich also
einen Tag vorher zubereiten.

Rosinenmäuse

(für ca. 10 Mäuse)
125 g Magerquark, 4 El.
Milch, 4 El. Öl, 1 Ei,
50 g Zucker, 1 Pck. Vanillinzucker, 250 g Mehl,
1 Pck. Backpulver, Rosinen,
1 Eigelb, Milch, Mandeln

Aus Quark, Milch, Öl, Ei, Zucker und Vanillinzucker einen Teig zubereiten. Backpulver, Mehl und Rosinen dazugeben und glatt verrühren. Daraus nun die Mäusekörper und den Schwanz formen. Die
Augen werden aus Rosinen und die Ohren aus Mandeln gestaltet.
Ein Backblech mit Backpapier auslegen, Mäuse darauf setzen, mit
Eigelb und etwas Milch bestreichen und im vorgeheizten Backofen
bei ca. 200° 20 Minuten backen.

Tunfischtoast

Toastbrot,
Butter, Tunfisch, Tomaten,
Scheibenkäse (z. B. Edamer)

Toastscheiben kurz toasten und mit Butter bestreichen. Abgetropf-
ten Tunfisch darauf geben und diesen mit Tomatenscheiben belegen.
Eine Scheibe Käse auflegen und so lange bei ca. 180° backen, bis
der Käse geschmolzen ist.

Das verhexte Haus

Verhext noch mal, was ist hier bloß los? Tag für Tag verschwinden neue Gegenstände, scheinbar spurlos ... Hier sind jede Menge Detektive gefragt, die dem Geheimnis auf die Schliche kommen!

Für das „verhexte Haus" brauchen Sie kein gutes Wetter, keinen Wald und auch keine besonderen Dekorationen, sondern nur Mut zur Unordnung. Denn bei dieser etwas anderen Mottoparty dient Ihre ganze Wohnung – oder Ihr Haus – den Kindern als Spielplatz. Und Sie werden sehen: Allen Kindern bereitet es große Freude, inunterschiedlichsten Räumen spielen und feiern zu dürfen!

Die folgenden Ideen und Anregungen können Ihnen bei der Planung helfen und sorgen dafür, dass die Unordnung überschaubar bleibt ...

Ablauf

Nach der Begrüßung (s. S. 20–21) wird zum Einstieg die Geschichte
von der Familie Krüger erzählt. Daraufhin erhalten die Kinder Spiel-
zeugferngläser oder -lupen und verwandeln sich in kleine Detektive,
die sich im ganzen Haus auf die Suche nach diversen verschwundenen Gegenständen begeben. Im Anschluss gibt es ein herzhaftes
Essen, bei dem sich alle Detektive stärken können. Schließlich verabschieden sich die Gäste mit einem Lied und dürfen Ferngläser und
Lupen als Geschenk mit nach Hause nehmen.

Vorbereitungen

▶ Vormittags können Sie bereits Wattekugeln im ganzen Haus verteilen. Sie dienen den fleißigen Detektiven als Spuren und führen in
die unterschiedlichsten Räume.
▶ An die jeweiligen Zimmertüren hängen Sie die Briefumschläge,
die Sie schon einige Tage vorher vorbereitet haben. Darin finden die
Kinder Spiel- und Rätselaufgaben.
▶ Verstecken Sie die Gegenstände, welche die Detektive suchen
müssen, so beispielsweise ein Lineal im Badezimmer, einen Becher
im Schlafzimmer, ein Paar Socken in der Küche, im Kinderzimmer
eine Zahnbürste, im Wohnzimmer eine Puppe.

Einladungen

Verhextes Haus

Tonkarton
(verschiedene Farben), Transparentpapier (verschiedene
Farben), Watte, Buntstifte,
Klebstoff, Schere, Bleistift

Schneiden Sie aus Tonkarton ein großes
Rechteck, falten Sie es und zeichnen nun auf die ganze Vorderseite
ein Haus. Dieses wird so ausgeschnitten, dass der Falz zusammen-
bleibt. Nun gestalten Sie das Haus mit Fenstern, einer Tür, einem
Schornstein mit Watte. Auf die Innenseite schreiben Sie die Einladung.

Verflixter Brief

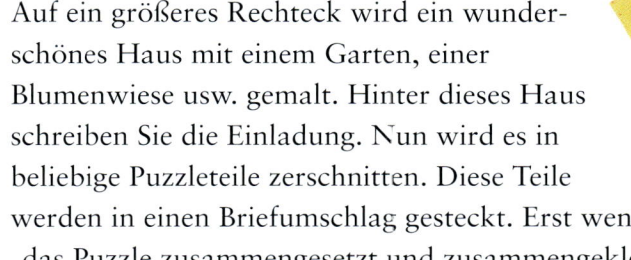

Tonkarton (helle Farben), Briefumschläge, Wachsmalstifte, Filzstifte, Schere, Bleistift

Auf ein größeres Rechteck wird ein wunderschönes Haus mit einem Garten, einer Blumenwiese usw. gemalt. Hinter dieses Haus schreiben Sie die Einladung. Nun wird es in beliebige Puzzleteile zerschnitten. Diese Teile werden in einen Briefumschlag gesteckt. Erst wenn das Puzzle zusammengesetzt und zusammengeklebt wurde, kann die Einladung auf der Rückseite gelesen werden **Tipp:** Achten Sie beim Schwierigkeitsgrad des Puzzles auf das Alter des Adressaten.

Fensterhaus

Tonkarton (verschiedene Farben), Tonpapier (helle Farben), Buntstifte, Filzstifte, Teppichmesser, Brettchen, Klebeband, Klebstoff, Schere, Bleistift

Schneiden Sie aus buntem Tonkarton ein großes Haus. Mithilfe eines Teppichmessers fertigen Sie – wie bei einem Adventskalender – aufklappbare Fenster und eine Tür. Auf helles Tonpapier alle notwendigen Einladungsinformationen schreiben und hinter die Fenster- beziehungsweise Türöffnungen kleben. Nun werden Tür und Fenster mit einem Klebestreifen verschlossen. Das Kind muss sie öffnen, um seine Einladung lesen zu können.

Verkleidungen

Hüte, Kappen, Krawatten, Schminkfarben, Sonnenbrillen

Mit ein bisschen Fantasie können Kinder sich im Handumdrehen in kleine Detektive verwandeln. Alles, was Sie benötigen, sind Hüte und Kappen, Sonnenbrillen, ausgediente Krawatten und Schminkstifte für einen tarnenden Bart oder Schnäuzer.

Spiele

Aufregung bei Familie Krüger: Erster Teil

Kamm, Handtuch, Seife, Gabel, Löffel, Saftbecher, Kette, Kugelschreiber, Lineal, Locher, Halstuch, Bilderbuch, Rasierpinsel, Teesieb, Sonnenbrille, Zeitung, 1 Pinsel, Decke

Spielablauf: Lesen Sie die folgende Geschichte einmal vor. Sodann breiten Sie eine Decke auf dem Boden aus und legen die im Text großgeschriebenen Gegenstände in die Mitte der Runde. Nun lesen Sie die Geschichte abermals vor. Wird ein großgeschriebener Gegenstand genannt, reagieren die Kinder blitzschnell und nehmen diesen aus der Mitte.

Seit einiger Zeit ereignen sich bei Familie Krüger sonderbare Dinge. Tag für Tag verschwindet in dem Haus etwas spurlos. Mal fehlt im Badezimmer der KAMM, mal das HANDTUCH oder die SEIFE. In der Küche fehlen die GABELN, die LÖFFEL oder die SAFTBECHER. Im Schlafzimmer der Eltern fehlt Frau Krügers KETTE, in Herrn Krügers Büro fehlen der KUGELSCHREIBER, das LINEAL und der LOCHER und sogar in Laras Kinderzimmer fehlt so allerhand. Sie vermisst seit Tagen ihren Teddy, ihre Lieblingspuppe, ihr buntes HALSTUCH und ihr BILDERBUCH. Nur bei Timo im Zimmer, da fehlt nichts. Das ist zwar sehr merkwürdig, aber vielleicht wird bald auch bei ihm etwas verschwinden.

Frau Krüger, Herr Krüger und Lara verbringen sehr viel Zeit mit Suchen. Doch es ist wie verhext! Sie können die Gegenstände einfach nicht wiederfinden. Als Herr Krüger heute Morgen in das Badezimmer geht und seinen RASIERPINSEL nicht findet, da wird er böse. Auch Mutter findet heute Morgen in der Küche das TEE-

SIEB nicht und Lara vermisst ihre SONNENBRILLE. Timo fehlt wieder mal nichts. Er steht da und hört sich alles an. „Nun ist aber Schluss", tobt Herr Krüger. „Ich bestelle einen Detektiv." Er schaut in die ZEITUNG nach einer Anzeige. Und er hat Glück. Mitten auf der letzten Seite findet er folgende Annonce:

„Detektiv PINSEL hilft Ihnen. Fehlt Ihnen etwas oder suchen Sie etwas, dann rufen Sie an. Ich komme sofort."

Herr Krüger ruft gleich an, und schon nach einer Stunde ist die Rettung da. Der Detektiv macht sich an die Arbeit. Barfuß und auf leisen Sohlen schleicht er durch das ganze Haus. Überall findet er geheimnisvolle Spuren wie Wattebällchen, Briefe mit merkwürdigen Fragen und Zetteln, aber nicht die Dinge, die Familie Krüger

fehlen. Das erscheint ihm alles sehr merkwürdig. Stundenlang sucht er, doch leider kann auch er die Sachen nicht wiederfinden. Sie bleiben wie vom Erdboden verschluckt. Der Detektiv zeigt der Familie Krüger die Wattebäusche und erklärt: „Das habe ich wohl entdeckt und das ist sehr merkwürdig. Doch die vermissten Sachen kann ich nirgends finden. Ich brauche Hilfe. Morgen bringe ich meine Kollegen mit. Gemeinsam werden wir der Sache schon auf den Grund gehen", versichert er und geht. Familie Krüger ist gespannt auf den nächsten Tag. Wird der Detektiv wiederkommen oder hat er die Lust an seiner Arbeit in dem verhexten Haus verloren?

Aufregung bei Familie Krüger: Zweiter Teil

Spielzeugfern-
gläser und -lupen

Spielablauf: Nach diesem Spiel wird der zweite Teil der Geschichte vorgelesen. Sodann fordern Sie die Geburtstagsgäste auf, sich in diesem verhexten Haus als Detektive zu betätigen und den Spuren nachzugehen. Die Kinder erhalten Ferngläser und Lupen und schleichen auf leisen Sohlen den Wattebauschspuren nach. An jeder Zimmertür finden sie einen Umschlag mit Rätseln und Spielaufgaben.

Am nächsten Tag wartet Familie Krüger, aber leider vergebens. Der Detektiv kommt nicht. Nun will Lara helfen. Sie holt ihre Freunde und gemeinsam mit ihnen geht sie den Spuren nach.

KÜCHE

Mit allen Sinnen

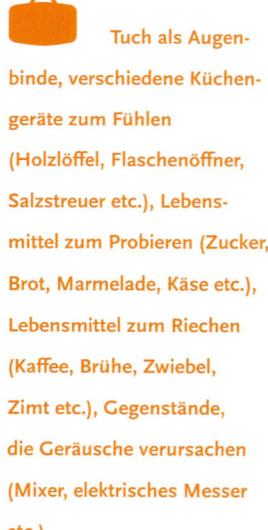

Tuch als Augen-
binde, verschiedene Küchen-
geräte zum Fühlen
(Holzlöffel, Flaschenöffner,
Salzstreuer etc.), Lebens-
mittel zum Probieren (Zucker,
Brot, Marmelade, Käse etc.),
Lebensmittel zum Riechen
(Kaffee, Brühe, Zwiebel,
Zimt etc.), Gegenstände,
die Geräusche verursachen
(Mixer, elektrisches Messer
etc.)

Den Kindern werden nacheinander die Augen verbunden und jedes bekommt eine Fühl-, Riech-, Hör-, Schmeckaufgabe.

Spiellied

Zeigt her eure Füße

Spielablauf: Die im Lied genannten Bewegungen werden als Pantomime mitgespielt.

Zeigt her eure Füße, zeigt her eure Schuh
und sehet den fleißigen Köchen einmal zu,
sie rühren, sie rühren, sie rühren den ganzen Tag,
sie rühren, sie rühren, sie rühren den ganzen Tag.
sie kneten …
sie schälen …
sie stampfen … usw.

Nach diesen Aufgaben suchen alle den vermissten Gegenstand, beispielsweise ein Paar Socken, und folgen den Spuren in den nächsten Raum.

BADEZIMMER

Adlerauge

Badtypische Gegenstände wie Handtuch, Zahnpasta, Seife, Kamm etc.

Hier sucht jedes Kind einen badtypischen Gegenstand und legt diesen auf ein Handtuch. Diese Gegenstände werden in einer Reihe angeordnet. Ein Kind schaut sich die Reihenfolge genau an und geht vor die Tür. Nun wird ein Gegenstand (oder zwei) weggenommen. Das Kind wird wieder hereingeholt und muss erkennen, was fehlt. Das Spiel wird so oft durchgeführt, bis jeder Detektiv an der Reihe war.

    Variation: Es werden weitere Dinge dazugelegt oder die Reihenfolge der Gegenstände wird vertauscht.

Fische angeln

Styropor (ca. 2 cm dick), Messer (scharf), Holzbrett (als Schneideunterlage), Pinsel, Plakafarben, Blumendraht, Zange, Bambusstock, Wollreste, Klebeband

Vorbereitung: Schneiden Sie aus Styropor für jedes Kind mindestens einen Fisch. Dieser wird auf einer Seite angemalt. Am oberen Rand wird ein Haken aus Blumendraht befestigt. An den Bambusstab kleben Sie einen Wollfaden und fixieren daran einen Drahthaken. Fertig ist die Angel!

    Spielablauf: Die Fische schwimmen in der Badewanne. Jedes Kind kann sich nun ein Exemplar angeln.

Beim Traumfriseur

Kämme, Bürsten, Gel, Schaumfestiger, Haarspray

Mit Gel, Schaum und Haarspray können sich die Kinder ihre Traumfrisur machen (lassen) und mit dieser perfekten Tarnung ihrer Arbeit nachgehen …

    Abschließend suchen die kleinen Detektive einen verschwundenen Gegenstand, beispielsweise ein Lineal, und folgen den Wattespuren ins nächste Zimmer.

SCHLAFZIMMER

Wer hat sich denn hier versteckt?

Bettuch, Tuch
als Augenbinde

Ein Kind wird vor die Tür geschickt, ein anderes legt sich unter das Betttuch. Bevor der Ratende wieder hereinkommt, werden ihm die Augen verbunden. Nun muss er ertasten, welches Kind unter dem Laken liegt.

Wer suchet, der findet

Socken, Schlaf-
anzughose, Wecker, Pulli,
Buch, Kleiderbügel

Die Dinge werden im und unter dem Bett versteckt. Diese müssen die Kinder suchen. Wer sammelt die meisten Teile?

Wer hat den Ton?

Wecker, Tuch als
Augenbinde

Einem Kind werden mit dem Tuch die Augen verbunden. Alle sind ganz still. Nun klingelt aus einer Richtung kurz der Wecker. Das Kind muss versuchen, die Richtung zu erhören und in diese gehen.

Wer schnarcht denn da?

Tuch als

Augenbinde

Einem Kind werden die Augen verbunden, ein anderes legt sich ins Bett. Der Ratende bittet: „Bitte schnarch einmal." Das liegende Kind muss schnarchen. Um wen handelt es sich?

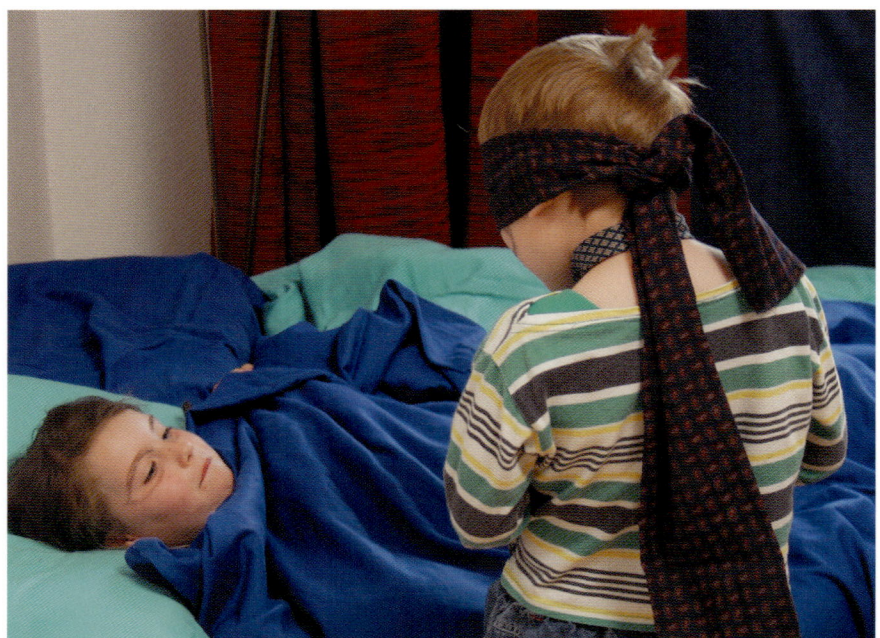

Als Abschluss für die Schlafzimmer-spielerunde erhalten die Kinder die Aufgabe, einen weiteren vermissten Gegenstand, so beispielsweise einen Becher zu suchen. Erst wenn dieser gefunden ist, dürfen sie erneut den Spuren folgen und sich ins nächste Zimmer des verhexten Hauses begeben.

KINDERZIMMER

Bilderzauber

Papier, Filzstifte,

Buntstifte, Wachsmalstifte,

evtl. Fingerfarben, Tisch und

Stühle

Hier erhalten alle die Aufgabe, dem Geburtstagskind ein schönes Bild zu malen. Zur Erinnerung werden die Werke an die Wand gehängt.

Variation: Mit Fingerfarben kann auch ein gemeinsames Fensterbild gemalt werden.

Nun suchen alle einen weiteren vermissten Gegenstand, z. B. die Zahnbürste, und folgen den Wattebäuschen ins letzte Zimmer.

WOHNZIMMER

Aufregung bei Familie Krüger: Dritter Teil

Spielablauf: Im Wohnzimmer wird nun die Geschichte der Familie Krüger zu Ende erzählt. Im Anschluss suchen die Kinder die vermisste Puppe.

Die Detektive suchen nun sorgfältig in jedem Zimmer. Mit Erfolg! Denn an den unmöglichsten Stellen finden sie die verschwundenen Sachen wieder. Nun fehlt nur noch eines, Laras Puppe. Da die Detektive noch nicht auf dem Dachboden waren, schleichen sie jetzt dorthin. Hu, hier ist es dunkel und vorsichtig tasten sie sich voran. Hier können sie die unmöglichsten Dinge erfühlen. Mit einem Mal ruft Paul: „Ich habe sie", und alle gehen vorsichtig wieder zu Tür. Tatsächlich! Paul hat die Puppe entdeckt und Lara freut sich sehr. Damit haben die Detektive ihre Aufgabe erfolgreich beendet. Doch wer steckte hinter diesem ganzen Spuk? Hexen, das wissen alle, gibt es ja schließlich nicht! Lara schaut sich um und entdeckt Timo. Er steht an der Tür, schmunzelt – und läuft fort …

Rezeptideen für große kleine Detektive

Bällchen-Brötchen

500 g gewürztes Mett, Partybrötchen, Tomatenketchup oder Remoulade, Tomate, Gurke, Scheibenkäse

Einen Tag vorher aus dem Mett kleine flache Bällchen braten. Kurz vor dem Essen die Brötchen durchschneiden und ein Mettbällchen auflegen. Den weiteren Belag können sich die Kinder selbst aussuchen. Zum Schluss wird die zweite Brötchenhälfte auf das Mettbällchen gelegt.

Verwöhntoast

Toastbrot, Butter, Tunfisch, Tomaten, Paprika, Cornichons, Scheibenkäse, Schinken, Mettwurst, evtl. Ananas und Pfirsiche

Die Brotscheiben werden getoastet, mit Butter bestrichen und nun können die Kinder sich den Belag selbst wählen. Zum Schluss eine Scheibe Käse auflegen. Die Verwöhntoaste auf ein Backblech geben und bei ca. 200° vier bis fünf Minuten im Ofen überbacken.

Knäckepizza

Knäckebrot, Paprika, Tomaten (frisch), Tomaten aus der Dose (gehackt oder püriert, geriebener Käse, Schinken, Tunfisch, Olivenöl, evtl. Ananas, Oregano

Das Knäckebrot mit Tomatensoße bestreichen und mit Oregano würzen. Nun kann sich jedes Kind den Belag aussuchen. Die Pizza mit Käse bestreuen und ca. zehn Minuten bei 200° im Ofen backen.

Auf der Suche
nach den Waldhexen

Hilfe, die Waldhexen sind los! Zwerge und Tiere sind ganz verzweifelt. Ob die Menschenkinder ihnen helfen können?

Ein Wald ist für Kinder jeden Alters sehr spannend. Ob zu Fuß, per Rad oder mit dem Auto, ein kleines Wäldchen lässt sich sicherlich überall schnell erreichen. Darüber hinaus ist eine Geburtstagsfeier im Wald von Jahreszeiten und Wetter unabhängig, denn dort ist es bei Sonne oder Schnee und selbst bei Regen wunderschön!

Ablauf

Die Kinder können sich zunächst bei Ihnen zu Hause treffen. Dort wird das bekannte Geburtstagsritual (s. S. 20–21) durchgeführt. Danach marschieren alle gemeinsam zum bereits im Vorfeld ausgesuchten Waldstück. Sollte der Weg dorthin allzu lang sein, so lassen Sie die Kinder von ihren Eltern direkt zu einem bestimmten Treffpunkt bringen.

Im Wald wird die Einstiegsgeschichte „Unruhe im Wald" erzählt, und die Kinder verwandeln sich in kleine Zwerge, bevor sie sich auf die Suche nach den Waldhexen begeben. Zur Stärkung gibt es leckere Waldpicknicktüten, als Gastgeschenk erhält jedes Kind ein geheimnisvolles Hexentuch.

Vorbereitungen

▶ Weisen Sie in der Einladung darauf hin, dass die Kinder wetter- und waldfest gekleidet sind. Sollte Ihr Gebiet durch Zecken gefährdet sein, denken Sie an Kopfbedeckungen, geschlossene Schuhe und Kleidung, die den Körper schützt.

▶ Suchen Sie sich einige Tage vorher mit Ihrem Kind (oder allein) eine Waldstrecke aus. Sie sollte interessant, aber nicht zu unwegsam sein.

▶ Kaufen Sie einige Tage vorher alles ein, was Sie für diesen Geburtstag benötigen. Bringen Sie für jeden Geburtstagsgast ein schönes Stofftaschentuch mit. Legen Sie diese „Hexentaschentücher" in einen Schuhkarton und verpacken sie diesen. Dieses Überraschungspäckchen legen Sie in einen Korb.

▶ Bereiten Sie die Aufgabenzettel mit Rätseln oder Spielen vor und stecken Sie diese jeweils in einen großen Umschlag.

▶ Besorgen Sie einen Bollerwagen, in dem Sie alles Notwendige transportieren können (so beispielsweise die Picknicktüten, Zwergenhüte, Trillerpfeife, Ersatzhosen und -strümpfe, Handtücher, eine Sammeltüte, Erste-Hilfe-Kasten, Handy, Decken für das Picknick, Toilettenpapier, Papiertaschentücher, Schminkstifte, Fotoapparat, Mückenstichsalbe etc.).

▶ Am Geburtstagsvormittag markieren Sie die ausgesuchte Waldstrecke mit Wegweisern wie beispielsweise Sägespänen, Luftballons, Krepppapierstreifen oder bunten Tüchern. Diese Markierungen sollten nachmittags beim Durchwandern der Strecke sofort wieder eingesammelt werden.

▶ Hängen Sie an drei Stationen die vorbereiteten Umschläge an einen Baum, am Ziel verstecken Sie den Korb mit dem Überraschungspäckchen.

Tipp: Es ist sicherlich sinnvoll, aber nicht zwingend notwendig, einen zweiten Erwachsenen mitzunehmen.

Einladungen

Ein Wald voller Bäume

Tonpapier (grün, braun), Filzstifte, Klebstoff, Schere, Bleistift

Als Erstes Streifen aus grünem Tonpapier schneiden und wie eine Ziehharmonika (ca. 12 cm breit) zusammenfalten. Nun auf die gesamte Vorderseite eine Tanne oder einen Laubbaum malen. Diesen so ausschneiden, dass er am Falz geschlossen bleibt und beim Auseinanderziehen eine Girlande entsteht. Der Stamm kann nun mit braunem Papier überklebt werden. Auf die Rückseite wird die Einladung geschrieben.

Waldmaus

Tonkarton (verschiedene Farben), Transparentpapier, Naturmaterialien wie Strohhalme, Sonnenblumenkerne etc., Klebstoff, Schere, Bleistift

Aus gelbem Karton ein beliebig großes Quadrat schneiden (z. B. 12 x 12 cm) und eine Maus aufzeichnen. Diese wird mit Sonnenblumenkernen beklebt. Zusätzlich können Sie das Motiv mit Strohhalmen oder anderen Naturmaterialien gestalten. Abschließend alle wichtigen Informationen auf die Rückseite schreiben.

Waldzwerg

Tonpapier (verschiedene Farben), Schaschlikspieße, Wattekugeln, Watte, Wollreste oder Bast, Filzreste, Filzstifte, Wasserfarben, Klebeband (doppelseitig), Klebstoff, Schere, Bleistift

Aus dem Tonpapier einen Kreis (ca. in der Größe eines Untertellers) schneiden, zu einem Halbkreis falten und mit Filzresten als Zwergenmantel verzieren. Auf die Innenseite wird die Einladung geschrieben. Nun aus einer Wattekugel und den angegebenen Materialien einen Zwergenkopf gestalten. Der Zwerg erhält einen kleinen spitzen Filzhut. Den Zwergenmantel auf den Spieß stecken und festkleben. Abschließend die gestaltete Wattekugel auf den Spieß stecken.

Textvorschlag für die Einladung

Ich, …, brauche deine Hilfe!
Die Waldhexen treiben seit Tagen in unserem Wald ihr Unwesen.
Darum müssen sie gesucht werden. Die Waldzwerge brauchen
unsere Unterstützung und darum bitte ich dich, am …, um … Uhr
in wetterfester Kleidung bei mir in … zu erscheinen. Die Suche ist
um … hoffentlich erfolgreich (und mit viel Spaß) beendet!

Verkleidungen

Zwergenmützen

Tonkarton (rot), Hutgummi, Watte, Heftklammern, Klebeband, Klebstoff, Schere, Bleistift

Aus Pappe einen großen Kreis schneiden, halbieren und zu einer spitzen Mütze zusammenheften beziehungsweise kleben. Die Zwergenmütze mit Watte dekorieren. Ein Gummiband sorgt dafür, dass der Hut nicht vom Kopf fällt.

Tipp: Mit Schminkstiften können Sie den Kindern ganz schnell Zwergenbärte malen.

Spiele

Besprechen Sie, bevor Sie mit den Kindern die Hexensuche beginnen, folgende Verhaltensregeln:

▶ Nicht zu laut sein, um die Tiere nicht zu erschrecken.

▶ Die gekennzeichneten Wege nicht verlassen, um die Pflanzen zu schützen.

▶ Keinen Müll im Wald hinterlassen.

Start: Unruhe im Wald

Spielablauf: Zu Beginn bekommen die Kinder folgende Geschichte vorgelesen.

Seit Wochen herrscht bei den Zwergen und Tieren im Wald große Aufregung. Die Waldhexen treiben hier ihr Unwesen. Sie laufen – oft bis spät in die Nacht – schreiend, kreischend und laut lachend durch den Wald und nehmen so den Tieren ihren Schlaf. Die Haseneltern machen sich schon große Sorgen, denn ihre Jungen können keine Nacht durchschlafen. Auch die Rehe schrecken jedes Mal auf und springen dann aufgeregt durch den Wald. Oft laufen sie so weit fort, dass sie Mühe haben, nach Hause zurückzufinden.

Aber nicht nur die Tiere leiden unter diesem Krach, sondern auch die Waldzwerge. Darum haben sie beschlossen, die Waldhexen zu suchen, um mit ihnen ein ernstes Wörtchen zu reden. Leider ist es nicht leicht, die Hexen zu finden, denn sie bleiben nie an einer Stelle, sondern ziehen von einem Ort zum anderen. Manchmal können die Zwerge sie ganz deutlich hören. Doch wenn sie dort ankommen, wo sie die Hexen vermuten, dann sind diese schon wieder verschwunden. Oft finden die Zwerge nur noch ein Kopftuch oder andere Gegenstände, die daran erinnern, dass die Hexen hier waren. Die Hexen ihrerseits wissen, dass die Zwerge sie suchen, und daraus machen sie sich einen großen Spaß. Hin und wieder finden die Zwerge Zettel, auf denen das vermeintliche Versteck der Waldhexen steht. Doch kaum haben sie dieses aufgespürt, haben sich die Hexen erneut in Luft aufgelöst und die Zwerge hören lediglich ihr lautes Lachen.

So treiben die Waldhexen bis heute ihr Unwesen und die Zwerge sind verzweifelt. Täglich verlassen mehr Tiere den Wald, weil sie Lärm und Unruhe nicht mehr ertragen können. „Nun muss aber dringend etwas geschehen", verkündet zornig der älteste Zwerg. „Aber was?", fragt ein anderer. Die Zwerge schweigen ratlos. Mit einem Mal meldet sich der jüngste unter ihnen und sagt: „Wir bitten die Menschenkinder um Hilfe. Gemeinsam mit ihnen werden wir es schaffen." „Ich glaube aber, dass die Hexen aufs Neue verschwinden, wenn sie uns gemeinsam mit den Menschenkindern sehen", erwidert sein großer Bruder. „Denn sie haben große Angst vor ihnen." „Dann müssen wir sie eben verkleiden", antwortet der jüngste Zwerg, der stets gute Einfälle hat. Gesagt, getan: Der älteste Zwerg schreibt an die Menschenkinder einen Brief und bittet um Mithilfe. Und diese lassen sich nicht lange bitten. Zur großen Freude aller treffen bereits am nächsten Tag zahlreiche Menschenkinder ein, um sich gemeinsam mit den Waldzwergen auf Hexensuche zu begeben …

Erste Waldstation

Spielablauf: Die Kinder finden einen Umschlag. In diesem befindet sich eine Botschaft mit folgenden Worten:

Wir Waldhexen wissen, dass ihr Zwerge uns sucht. Wir führen euch gern zu unserem Versteck. Aber so leicht geht das nicht. Bevor ihr uns findet, müsst ihr so einiges tun. Sammelt nun jeder fünf Tannenzapfen und löst dann noch die folgenden Rätsel. Danach könnt ihr euch weiter auf die Suche nach den Waldhexen machen.

Was ist das?
Es stinkt und wühlt sehr gern im Dreck,
ist dick und hat auch ganz viel Speck.
Kannst du im Wald die Spuren seh'n,
dann musst du schnell nach Hause geh'n.
(Wildschwein)

Wer ist das?
Du kannst ihn ganz oft klopfen hören,
beim Klopfen lässt er sich nicht stören.
Klopft in den Stamm ein Loch hinein,
dort soll nun seine Wohnung sein.
(Specht)

Wer ist das?
Er ist schnell, kann ganz weit springen,
kann dafür aber gar nicht singen.
Er sitzt still und schaut umher,
ja dieses Tier, das magst du sehr.
(Hase)

Zweite Waldstation

Spielablauf: Wieder finden die Kinder einen Umschlag mit einem
geheimnisvollen Zettel:

Leider sind wir
schon wieder an
einem anderen Ort.
Doch seid ihr auf
dem richtigen Weg.
Sammelt nun jeder
fünf kurze Stöcke
von gleicher Länge,
macht zehn Knie-
beugen und singt
gemeinsam das Lied
„Hänschen klein".
Dann könnt ihr
weiter auf Spuren-
suche gehen.

Dritte Waldstation

Spielablauf: Auch hier finden die Kinder nach einigem Suchen einen weiteren Hexenbrief:

Ihr seid fast am Ziel. Wenn ihr euch gut umschaut, dann könnt ihr uns Waldhexen vielleicht schon sehen. Aber nun müsst ihr etwas suchen, das so aussieht, wie in dem folgenden Rätsel beschrieben:

Mal ist es rund, mal hat es Spitzen,
man sieht es oft am Baume sitzen,
doch an Büschen oder Strauch
siehst du dieses Ding wohl auch.
Es ist grün und manchmal bunt,
doch schließe jetzt mal deinen Mund,
such still das Ding, bring es zu mir,
ob es richtig ist, das sag ich dir.
(Blatt)

Haben die Kinder das Rätsel gelöst, wird eine weitere Aufgabe vorgelesen:

Nun hüpft noch wie die Hasen, fliegt wie die Vögel und springt wie die Rehe einmal um einen Baum und geht dann weiter. Ihr seid bald am Ziel.

Ziel: Hexenpäckchen

Endlich am Ziel angelangt, finden die Kinder einen neuen Umschlag mit einer Botschaft:

    Wir Waldhexen haben euch bei eurer Suche immer beobachtet und finden, dass ihr eure Aufgabe zusammen mit den Menschenkindern gut gelöst habt. Wir sehen nun ein, dass wir hier im Wald nichts mehr zu suchen haben. Schließlich haben wir euch genug Ärger bereitet. Wir möchten, dass ihr Waldzwerge und auch die Tiere sich in diesem Wald wieder wohl fühlen und dass die Menschenkinder, die heute geholfen haben, euch öfter besuchen kommen. Deshalb haben wir uns einen neuen Wald gesucht, in dem wir nun unser Unwesen treiben, denn das gehört zu unserem Hexenleben.

    Zur Erinnerung an uns haben wir noch ein Geschenk für euch. Sucht einen Korb. In diesem liegt ein Päckchen mit einer kleinen Überraschung. Ach ja, noch etwas! Liebe(r) … (Name des Geburtstagskindes), auch wir Waldhexen gratulieren dir ganz herzlich zum Geburtstag. Du darfst, wenn ihr den Korb gefunden habt, die Geschenke und die Picknicktüten verteilen.

Abschluss: Nachdem der Korb gefunden und das Päckchen von dem Geburtstagskind geöffnet wurde, verteilt es die Hexentücher als Gastgeschenk.

    Nun bekommt jeder eine Picknicktüte und kann sich stärken. Abschließend können die Kinder das folgende Lied gemeinsam singen und, wenn sie möchten, dabei tanzen.

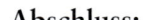

Zwergenlied

Brüderchen,
komm tanz
mit mir

Lieber Waldzwerg tanz mit mir,
beide Hände reich' ich dir.
Einmal hin, einmal her,
rundherum, das ist nicht schwer.

Mit den Fingerchen tick, tick, tick,
mit dem Köpfchen nick, nick, nick.
Einmal …

Mit den Händen klatsch, klatsch, klatsch,
mit den Füßen patsch, patsch, patsch.
Einmal …

Rezeptideen für eine Waldpicknicktüte

Besorgen Sie sich für die Picknicktüte größere, feste Papierbeutel. Die Picknicktüte wird mit einem Überraschungsbrot und verschiedenen Törtchen gefüllt. Am besten legen Sie noch einen Apfel und ein Trinkpäckchen dazu. Als Überraschung verstecken Sie in jeder Tüte ein kleines Spielzeug (z. B. Auto, Kette, Malstifte, Knete etc.).

Überraschungsbrot

Toastbrot, Eier (hart gekocht), Gurke, Remoulade, Tomaten, Kochschinken, Salatblätter

Je eine Scheibe Toastbrot wird mit Remoulade bestrichen und mit den anderen Zutaten belegt. Darauf kommt eine zweite Toastscheibe. Nun wird dieses große Überraschungsbrot einmal schräg durchgeschnitten, sodass ein Dreieckbrot entsteht. Dieses fest in Folie packen.

Zitronentörtchen

(für ca. 40 kleine Törtchen) 250 g Butter, 250 g Zucker, 500 g Mehl, 6 Eier, 1 Pck. Vanillinzucker, 1 Pck. Backpulver, 1 Fl. Zitronenaroma, Saft einer Zitrone, Sprudel, Papierförmchen

Aus den Zutaten einen Teig rühren, in die Förmchen füllen und ca. 20 Minuten bei etwa 200° backen.

Schokotörtchen

(für ca. 30 kleine Törtchen) 200 g Butter, 250 g Mehl, 200 g Zucker, 4 Eier, 1 Pck. Vanillinzucker, 1 Tl. Zimt, 2 Tl. Kakao, 1 Pck. Backpulver, $1/8$ l Sprudel, 100 g Schokostreusel, Papierförmchen

Die Schokotörtchen werden ebenso wie die Zitronentörtchen zubereitet.

Tipp: Die Törtchen können am Tag vorher gebacken werden. Da es sehr viele Törtchen sind, kann der Rest, der am Geburtstag nicht gegessen wurde, in einer Dose zwei bis drei Tage aufbewahrt werden.

Die Zauberburg

„Inke, Minke, Hühnerbein, heut' woll'n wir ganz verzaubert sein!"
Nicht erst seit ein berühmter Zauberlehrling die Herzen aller
erobert hat, sondern schon so lange man denken kann, lassen sich
Kinder von Zaubereien faszinieren. Daher bietet sich ein „Ausflug"
auf die Zauberburg in besonderer Weise als Motto
für eine Geburtstagsfeier an. Verkleidungen
sind schnell herzustellen: Ein Umhang,
Zauberhut und Zauberstab – und schon
verwandeln sich alle Kinder in neugierige
Zauberlehrlinge!

Ablauf

Nach der Begrüßung (s. S. 20–21) werden die Kinder zu zauber-
haften Spielen, einer Mitmachgeschichte mit Hokus und Pokus und
einer kleinen Zaubervorstellung eingeladen. Zur Stärkung gibt es
ein zauberhaftes Überraschungsbuffet. Zum Abschluss singen alle
gemeinsam ein Abschiedslied und das Geburtstagskind überreicht
jedem Gast ein Zaubertuch als Erinnerungsgeschenk.

Vorbereitungen

▶ Üben Sie die Zaubertricks (s. S. 86–90) ein und bereiten Sie die
notwendigen Zauberaccessoires vor.
▶ Gestalten Sie für jedes Kind ein Zaubertuch als Gastgeschenk.

Einladungen

Zauberhut

Tonkarton
(verschiedene Farben),
Glitzermaterialien (z. B.
Glanzpapier, Goldpapier,
Hologrammfolie, Glitter Glue,
Glanzbilder, Glitzersterne,
Glitterpuder etc.), Klebstoff,
Schere, Bleistift

Aus dem Tonkarton wird ein
Rechteck geschnitten und zu einer
Klappkarte zusammengefaltet.
Auf die gesamte Vorderseite einen
Zauberhut malen und so ausschnei-
den, dass er auseinander geklappt
werden kann. Nun die Vorderseite
mit diversen Glitzermaterialien fantasie-
voll gestalten. Auf die Innenseite schreiben
Sie mit Glitter Glue den Einladungstext.

Zauberbuch

Tonkarton (verschiedene Farben), Glitzermaterialien (z. B. Glanzpapier, Goldpapier, Hologrammfolie, Glitter Glue, Glanzbilder, Glitzersterne, Glitzerpuder etc.), Schleifenband, Heftklammern, Klebstoff, Schere, Bleistift

Aus dem Tonkarton ein Rechteck schneiden und zu einem „Buch" zusammenfalten. Die Vorderseite mit Glitzermaterialien dekorieren und mit dem Wort „Einladung" versehen. Auf die Innenseite der Klappkarte mit Glitter Glue alle Informationen von oben nach unten schreiben. An der rechten Außenkante sowohl auf der Vorder- als auch Rückseite mittig ein Loch schneiden und ein Geschenkband hindurchführen. Das Zauberbuch kann nun zugebunden werden.

Zauberstab

Tonpapier (verschiedene Farben), Glitzermaterialien (z. B. Glanzpapier, Goldpapier, Hologrammfolie, Glitter Glue, Glanzbilder, Glitzersterne, Glitzerpuder etc.), Schleifenband, Klebeband, Klebstoff, Schere, Bleistift

Aus dem Tonpapier ein Rechteck schneiden. Die Vorderseite mit allem, was glänzt, fantasievoll gestalten. Auf die Innenseite werden nun in Spiralform mit Glitter Glue sämtliche Informationen geschrieben, die für dieses Fest wichtig sind. An die Innenkante der schmalen Rechteckseite schmale Goldpapierfransen aneinander kleben. Das Rechteck fest zu einem Zauberstab zusammenrollen, mit Klebeband fixieren und mit Schleifenband umwickeln. Um die Einladung zu lesen, wird der Zauberstab aufgerollt.

Dekorationen

Zauberburg

Krepppapier (weiß und blau), Stoffe (weiß und blau), Alufolie, Betttuch, Lichterketten, Stoffmal- oder Sprühfarben

Für ein Zauberfest eignen sich beispielsweise ein Kellerraum, eine Garage oder auch ein Dachboden. Diese Räume können mit wenig Mitteln schnell in ein gespenstisches Zauberzimmer verwandelt werden:

▶ Auf ein altes Betttuch können Sie mit Stoffmal- oder Sprühfarben eine Zauberburg malen und diese an die Wand hängen.

▶ Die restlichen Wände verhängen Sie mit Krepppapier und Stoffen (weiß und blau) oder aber mit Alufolie. Hinweis: Alufolie lässt sich wieder verwerten!

▶ Mit weißen oder bunten Lichterketten verleihen Sie dem Raum ein spezielles Zauberlicht.

Zaubermäuse

Alufolie, Tonpapier, Wollreste, Filzstifte, Klebstoff

Aus Alufolie Kreise, aus Tonpapier Mäuseköpfe und -ohren schneiden. Köpfe und Ohren auf die Alufolie kleben und mit Wollresten oder Filzstiften als Gesichter gestalten. Die Zaubermäuse auf die mit Stoff beziehungsweise Papier überzogenen Wände kleben.

Freche Gespenster

Aus einem ausgedienten Betttuch mehrere Quadrate schneiden. In die Mitte der Quadrate jeweils ein Knäuel aus weißen Servietten oder Watte legen. Um dieses Knäuel den Stoff mit Bast oder Geschenkband fest zubinden, sodass ein Kopf entsteht. Rechts und links werden zwei Stoffzipfel zu einer Hand zusammengebunden, die vordere und hintere Stoffecke hängen herunter. Durch den Kopf Nähgarn als Aufhängung fädeln und dem Gespenst ein Gesicht malen. Mit Nadeln oder doppelseitigem Klebeband die Gespenster an der Wand fixieren. Hierbei die Geisterarme auseinander breiten – so als tanze das Gespenst.

Spinnennetze

Durch den Raum oder an die Decke werden kreuz und quer Fäden gezogen, die ein Spinnennetz ergeben. Daran können weiße Krepppapierfäden gehängt werden.

Zauberspinnen

Vier Pfeifenputzer so miteinander verknoten, dass ein Stern entsteht. Die Enden werden ein wenig eingeknickt. Als Spinnenkopf in die Mitte mit doppelseitigem Klebeband eine halbe Wattekugel oder Wabenpapier fixieren. Auf kleine Tonpapierröllchen Zaubersprüche schreiben und in die Spinnenbeine einrollen.

Verkleidungen

Zauberlehrling

Tonkarton (verschiedene Farben), Krepppapier (verschiedene Farben), Glitzersterne, Goldpapier, Glitzerstoff, Schleifenband, Heftklammern, Klebeband, Klebstoff, Schere, Bleistift

In vielen Familien sind Zauberkostüme aus der Karnevalszeit vorhanden. Sollte ein Kind dennoch unverkleidet erscheinen, so lässt sich schnell ein Zauberhut fertigen. Schneiden Sie einen Streifen (10 x 54 cm) aus Tonkarton und schließen Sie diesen mit Heftklammern zu einem Kreis. Auf die Innenseite tackern Sie etwa 30 cm hohes Krepppapier, das Sie oben mit Klebeband zusammenraffen. Nun noch ein paar Verzierungen mit Glitzerelementen – und fertig ist der Hut! Für einen passenden Umhang ziehen Sie Schleifenband durch die obere Stoffkante und raffen diese leicht zusammen.

Spiele

Die Zauberflasche

mit Alufolie
umwickelte Flasche

Alle Kinder sitzen im Kreis. Die Zauberflasche liegt in der Mitte und wird mit folgendem Zauberspruch gedreht:

*Ich werd' die Fli-, Fla-, Flasche dreh'n
und möchte dich jetzt tanzen (zappeln,
hüpfen, stampfen, fliegen usw.) seh'n.*

Das Kind, auf das der Flaschenhals zeigt, macht die entsprechende Bewegung.

Der blitzschnelle Zauberer

Ein Kind wird vor die Tür geschickt. Eines der anderen Kinder wird zum blitzschnellen Zauberer ernannt. Das Kind, welches vor der Tür war, muss nun den blitzschnellen Zauberer herausfinden. Dieser macht ständig wechselnde Bewegungen vor, welche die anderen Kinder nachmachen. Schnelle Reaktionen sind gefragt, damit das ratende Kind den blitzschnellen Zauberer nicht sofort herausfindet.

Der Zauberstein

runder Stein
(auf einer Seite mit „ja",
auf der anderen mit „nein"
beschriftet)

Jedes Kind darf dem Zauberstein eine Frage stellen und daraufhin den Stein rollen. Das oben liegende Wort ist die Antwort auf diese Frage.

Die Fragen können lustig, peinlich oder geheimnisvoll sein, sie können über den Fragenden selbst oder jemand anderen gestellt werden. So entsteht eine spaßige Fragerunde.

Die Zauberflöte

Flöte,

Zeitungspapier, Bonbons

Mit der Zeitung wird eine lange, kurvenreiche Straße gelegt. Am Ende der Straße liegen Bonbons.

Die Kinder stellen sich an den Anfang des „Weges" und müssen nun versuchen, über die Straße zu hüpfen (krabbeln, laufen usw.). Am Ende dürfen sie sich einen Schatz (Bonbon) holen. Jedoch gibt es dabei ein Hindernis: Ertönt die Zauberflöte, so müssen sie sofort die Zauberstraße verlassen. Wer schafft es, einen Schatz zu ergattern?

Das Kind mit der Zauberflöte steht mit dem Rücken zum Rest der Gruppe. Es gibt die Gangart an, in welcher der Schatz geholt werden soll. In unregelmäßigem Abstand bläst es in die Flöte. Zu Beginn wird „Los" gerufen, ab dann geht es ohne Kommando weiter. Wer kein Bonbon abbekommt, darf so lange mitmachen, bis er eines hat. Jeder erfolgreiche Schatzjäger legt eine Spielpause ein.

Der Zauberball

Ball

Alle Kinder sitzen im Kreis. Ein Kind hält den Zauberball und singt ein Lied, die anderen stimmen mit ein und müssen so lange singen, wie das Kind den Zauberball in der Hand behält. Wirft es den Ball einem anderen Kind zu, singt dieses ein neues Lied und alle stimmen mit ein usw. Erst wenn das Anfangskind wieder den Ball hat, ist das Spiel zu Ende.

Variation: Wer den Ball hat, erzeugt ein Geräusch oder macht eine Bewegung vor.

Der Zauberwürfel

Würfel, Pappkarten (weiß), Filzstift

Auf die eine Seite der Karten werden Punkte von eins bis sechs geschrieben. Auf der Rückseite stehen kleine pantomimische Aufgaben wie beispielsweise „Stelle einen Ober, Frisör etc. dar".

Die Karten liegen in der Kreismitte. Das erste Kind würfelt, der Zauberwürfel sagt an, welche Zauberkarte genommen werden darf. Nun wird der Spieler verzaubert, muss also die Pantomime vorspielen. Die anderen Kinder erraten sie. Das Spiel wird fortgesetzt. Wird eine Zahl gewürfelt, deren Karte nicht mehr in der Mitte liegt, dann wandert der Würfel weiter. Das Spiel ist beendet, wenn alle Karten aufgebraucht sind.

Mitmachgeschichte

Hokus und Pokus

1 Stuhl pro Mitspieler

Spielablauf: Die Kinder sitzen in einem engen Stuhlkreis. Bei dem Wort „Hokus" setzen sich alle einen Stuhl nach rechts, bei dem Wort „Pokus" setzen sich alle einen Stuhl nach links.

Variation: Bei jüngeren Kindern können die Regeln vereinfacht werden: Bei „Hokus" stehen beispielsweise alle auf, bei „Pokus" setzen sich alle wieder hin.

Weit hinten im Zauberwald, dort wo sich Fuchs und Hase gute Nacht sagen, wo die Wildschweine Tango tanzen und die Hasen auf ihren Ohren laufen, leben in einem ururalten windschiefen Haus die beiden Zauberer HOKUS und POKUS. HOKUS und POKUS sind schon seit über hundert Jahren Zauberer und daher überaus vergesslich. An manchen Tagen finden sie ihre Zauberhüte nicht, vertauschen den ein oder anderen Zauberspruch, verlegen ihr Zaubersalz oder suchen stundenlang nach ihren Zauberstäben. Wenn sie dann einfach drauflos zaubern, kann es schon einmal passieren, dass sie plötzlich fliegende Hasen, hüpfende Mäuse, Meerschweinchen mit drei Ohren oder einer Elefantennase zaubern. POKUS ärgert sich darüber sehr. Vor Wut stampft er so fest auf den Boden, dass das windschiefe Haus zittert und bebt. HOKUS hingegen bleibt ganz ruhig und macht sich daraus einen Spaß. Vor Freude lacht HOKUS dann so laut, dass die Wände wackeln.

Da HOKUS und POKUS schon sehr alt sind, verschlafen sie oft den halben Tag. Dann sieht man POKUS und HOKUS nicht, aber man hört sie wohl. HOKUS und POKUS schnarchen im Schlaf so laut um die Wette, dass die Tannen wackeln und hin und wieder auch schon mal eine Dachpfanne auf die Erde fällt.

HOKUS und POKUS haben einen gemeinsamen Freund. Es ist der Kater Kratz. Er ist immer dort, wo POKUS und HOKUS sind. Er begleitet HOKUS und POKUS auf Schritt und Tritt. Kratz hat so gute Augen, dass er fast immer das Zauberbuch, den Zauberstab oder das Zaubersalz wieder findet und so können POKUS und HOKUS endlich wieder richtig zaubern.

Manchmal macht HOKUS und POKUS das Zaubern so viel Spaß, dass sie bis in die Nacht hinein neue Zaubertricks ausprobieren und erst aufhören, wenn ihnen die Augen zufallen. Dann hört man POKUS und HOKUS erneut so laut schnarchen, dass sich der Kater Kratz die Ohren zuhalten muss. „Was für ein HOKUSPOKUS", schnurrt er leise vor sich hin und verschwindet im dichten Tannenwald. Und wenn sie nicht gestorben sind, dann zaubern sie noch heute.

Nach dieser gemeinsamen Spielgeschichte werden die Kinder zu einer kleinen Zaubervorführung eingeladen.

Zaubervorstellung

Zu einem Geburtstag auf der Zauberburg gehört natürlich auch der Auftritt eines richtigen Zauberers. Wie wär's, wenn Sie ein paar Tricks einübten, um die Kinder zu einer Vorstellung einladen zu können?

Damit Sie wie ein echter Zauberer aussehen, sollten Sie folgende Dinge vorbereiten: einen Umhang, eventuell einen Zauberhut

oder Zylinder, einen Zauberstab (beispielsweise einen mit schwarzem und gelbem Krepppapier umwickelten Bambusstab), einen Salzstreuer und ein Zaubertuch, das Sie in einem Ärmel verstecken. Darüber hinaus können Sie sich das Gesicht mit geheimnisvollen Zauberzeichen schminken.

Die hier beschriebenen Tricks sind allesamt leicht zu erlernen und bedürfen keiner aufwendigen Vorbereitung. Sie sollten sie allerdings gut einüben, damit Ihnen während der Vorstellung keine Fehler unterlaufen.

Tipp: Damit alle Gäste eine bleibende Erinnerung an dieses Zauberfest mit nach Hause nehmen können, bedrucken Sie zusammen mit Ihren Kindern bereits einige Tage zuvor mehrere Stofftücher. Diese verstecken Sie ebenfalls in Ihren Ärmeln, Socken, Hosen etc. und zaubern sie am Ende der Vorstellung hervor. Zum Abschied werden die Zaubertücher als Gastgeschenk überreicht.

Der Zi-, Za-, Zaubermann

Zu Beginn der Vorführung stellen Sie sich mit einem kurzen Lied vor:

Es tanzt ein Bi-, Ba-, Butzemann

Ich bin ein Zi-, Za-, Zaubermann
und zeig euch, was ich kann.
Ich zaub're jetzt an diesem Ort
ich zaub're einfach alles fort.
Ich bin ein Zi-, Za-, Zaubermann
und zeig euch, was ich kann.

Die Zauberbotschaft

Bügeleisen, Bügelbrett, Papier, Essig oder Milch, Stöckchen oder Pinsel, Salzstreuer

Vorbereitungen: Schreiben Sie mit einem Stöckchen oder Pinsel, den Sie in Essig oder Milch getaucht haben, auf weißes Papier ein Wort, einen Satz oder den Namen des Geburtstagskindes. Dieses Wort ist, wenn es getrocknet ist, auf dem Blatt nicht zu sehen.

Zaubertrick: Zeigen Sie das vorbereitete Blatt den Kindern und verkünden Sie, dass Sie mithilfe Ihres Zauberteams einen Satz, ein Wort oder den Namen des Geburtstagskindes auf Papier pusten können. Stellen Sie nun das Bügeleisen an. Danach führen Sie mit einem Zauberspruch den Trick vor und begleiten diesen pantomimisch:

Hokus, pokus, eins, zwei, drei,
ich zaub're nun ein (den) Wort (Satz) herbei.
Ich puste dreimal aufs Papier,
wie es geht, das siehst du hier.
Zaubersalz kommt auch noch drauf
ich bitte euch, passt nun gut auf.
Das Bügeleisen ist nicht schwer,
fährt auf dem Blatt nun hin und her.
Hokus, pokus, ach wie schön,
schon kannst du hier nun etwas seh'n.

Das Zauberwort wird bei mehrfachem Hin- und Herfahren mit dem Bügeleisen braun.

Die Zauberasche

Aschenbecher oder Schüsselchen, Papier, Kohle oder Filzstift (schwarz), Streichhölzer, Schminkstift (weiß)

Vorbereitungen: Malen Sie sich auf eine Handinnenfläche mit einem weißen Schminkstift einen Zauberkreis.

Zaubertrick: Malen Sie vor den Augen der Zuschauer mit Kohle oder Filzstift den gleichen Zauberkreis auf ein Blatt Papier. Dieses wird zerknüllt und in dem Aschenbecher beziehungsweise dem Schüsselchen verbrannt. Nun sprechen Sie einen Zauberspruch und bewegen Ihre Hände geheimnisvoll über der Asche. Zum Schluss Asche in den Händen verreiben:

Simsalabim und ritsche, ratsche,
zaub're ich nun mit der Asche
etwas jetzt in meine Hand,
ich bin der Größte hier im Land.
Simsalabim nun schau dir an,
was ich alles zaubern kann.

Der Ruß lässt den Zauberkreis sichtbar werden.

Das Zauberhölzchen

Zauberstab, Zaubertuch, 2 Schaschlik- spieße, Salzstreuer, Hut oder Zylinder

Vorbereitungen: Die Ecken eines quadratischen Tuches nähen Sie um. In eine der umgenähten Ecken nähen Sie einen Schaschlikspieß mit ein. Dieses Tuch legen Sie in einen „Zauberhut".

Zaubertrick: Holen Sie aus dem Hut das Zaubertuch und zeigen es den Kinder von allen Seiten. Legen Sie nun den zweiten Schaschlikstab auf das Tuch und packen Sie ihn mit diesem Tuch ein. Nehmen Sie das Tuch in beide Hände und zerbrechen Sie nun den eingenähten Schaschlikstab mit einem Zauberspruch vor den Augen der Kinder:

Knister, knaster, knick und knock
ich zerbreche nun den Stock.
Mit etwas Salz und Simsalabim
krieg ich den Stock nun wieder hin.

Das Tuch aufwickeln und den Kindern den nicht zerbrochenen Schaschlikstab zeigen.

Der Zauberzucker

3 Zuckerwürfel, 3 Filmdosen, Brennspiritus, Folienschreiber, 3 Kuchenteller, Streichhölzer (lang)

Vorbereitungen: Ein Stück Zucker wird mit Brennspiritus präpariert. Dieser Zucker wird in eine, mit einem farbigen Punkt versehene Filmdose gelegt. Die zwei anderen Zuckerstücke werden auch jeweils in eine Filmdose gelegt. Diese Dosen in die Hosentaschen stecken. Wichtig: Merken Sie sich die Tasche ganz genau, in der sich das präparierte Stück Zucker befindet!

Zaubertrick: Holen Sie die Zuckerstücke aus Ihren Taschen und legen Sie diese auf je einen Teller. Ein nicht präpariertes Stück Zucker bieten Sie nun einem Kind zum Probieren an. Dann versuchen Sie den anderen nicht präparierten Zuckerwürfel mit einem Streichholz anzuzünden – erfolglos. Bieten Sie dieses Zuckerstück ebenfalls einem Kind an. Jetzt liegt nur noch der präparierte Zucker auf dem Teller. Nehmen Sie nun den Zauberstab und verzaubern Sie den Zucker mit einem Spruch:

Inke, minke, Hühnerbein,
verzaubert soll der Zucker sein.
Inke, minke, Hühnerfloh,
der Zucker brennt nun lichterloh.

Nun zünden Sie den präparierten Zucker an.

Ein Ballon voll Zauberenergie

Luftballon, Teller mit Cornflakes, Wolltuch

Zaubertrick: Einen Teller mit Cornflakes auf einen Tisch stellen. Nun nehmen Sie einen Luftballon, blasen diesen mit Zauberenergie auf und verknoten ihn fest. Es ist ein großes Zauberei. Mit einem Zauberspruch reiben Sie immer wieder mit dem Wolltuch über den Ballon.

Hiptidu und hiptidei,
ich reib' an diesem Zauberei.
Hiptidu und hiptidei,
die Zauberkraft, die wird nun frei.

Den Ballon über die Cornflakes halten, die Cornflakes springen
hoch und kleben am Ballon.

Tücherzauberei

**Es tanzt ein Bi-,
Ba-, Butzemann**

Zum Ende der Vorstellung verabschieden Sie sich mit einem kurzen
Lied und einer Tücherzauberei.

*Ich bin der Zi-, Za-, Zaubermann,
zeig euch zum Schluss, was ich noch kann.
Ich bin der Zi-, Za-, Zaubermann
und zeig euch, was ich kann.
Ich zaub're ganz schnell eins, zwei, drei
Zaubertücher schnell herbei.*

(Überall werden nun die Tücher herausgezogen).
Ich bin der Zi-, Za-, Zaubermann, der nicht mehr zaubern kann.

Rezeptideen: Zauberhaftes Überraschungsbuffet

Überraschungstorte

Die Lieblingsbackmischung des Geburtstagskindes, zusätzliche Zutaten nach Herstellerhinweis, Zuckerschrift, Schokoglasur, Wunderkerzen

Den Kuchenteig nach Anweisung zubereiten, in eine runde eingefettete Backform geben und nach Herstellerangaben backen. Aus der Form nehmen und abkühlen lassen. Mit Schokoglasur bestreichen. Mit Zuckerschrift einen Zauberspruch (oder den Namen des Geburtstagskindes) auf den Kuchen schreiben:

*Hokuspokus, ach wie fein,
die Zaubertorte, die ist dein!*

Wunderkerzen in den Kuchen stecken und zur Eröffnung des Buffets anstecken.

Überraschungshäppchen

(für ca. 24 Stück)
75 g Mehl, $^1/_4$ Tl. Salz, 1 Ei, 4 El. Wasser, 1 El. Öl, 4 Bananen, etwas Zitronensaft, Fett zum Frittieren, Mehl zum Wenden, Puderzucker

Mehl, Salz, Öl, Wasser und Eigelb in eine Schüssel geben und zu einem glatten Teig verrühren. Diesen 30 Minuten ruhen lassen. Bananen schälen und in ca. 2 cm dicke Stücke schneiden. Mit Zitronensaft beträufeln. Das Fett in einer Fritteuse auf 180° erhitzen. Eiweiß steif schlagen und unter den Teig heben. Die Bananenstücke mit Küchenkrepp trocken tupfen und nacheinander in Mehl und Teig wenden. Im heißen Fett ca. zwei bis drei Minuten frittieren. Auf Küchenpapier abtropfen lassen und mit Puderzucker bestreuen.

Überraschungsauflauf

400 g Äpfel,
2 El. Zitronensaft,
^{1}/2 Tl. Zimt, 1 El. Honig,
3 El. Wasser, Butter, 4 Eier,
3 El. Honig, 80 g gemahlene
Haselnüsse

Äpfel schälen, vierteln und in dünne Scheiben schneiden. Diese mit dem Zitronensaft, Zimt, einem Esslöffel Honig und Wasser in einem Topf mischen und fünf Minuten dünsten. Auf einem Sieb abtropfen lassen.

Eine Auflaufform mit Butter ausfetten und die Äpfel dort hineingeben. Das Eigelb mit dem Honig schaumig schlagen und die Nüsse unterheben. Das Eiweiß steif schlagen und unter die Eigelb-Honigmasse heben. Diesen Teig über die Äpfel schütten und glatt streichen. Den Auflauf bei 180° 20 Minuten im Ofen backen.

Kunterbunte Spiele aus dem Hut

Zahlreiche Spiele sind an keine Generation gebunden: Sie waren, sind und werden immer bei Klein und Groß gleichermaßen beliebt sein. Darum veranstalten Sie doch einmal ein reines Spielefest mit vielen Ideen, die nach wie vor aktuell sind. Am besten überlegen Sie vorher gemeinsam mit dem Geburtstagskind, welche Spiele schon länger bei Partys nicht mehr gespielt wurden, obwohl sie allen nach wie vor großen Spaß bereiten.

Stellen Sie diesen bunten Spielereigen unter das Motto „Kunterbunte Spiele aus dem Hut", so können die Gäste ihre Lieblingsmütze oder Kappe mitbringen, die gleichzeitig als „Eintrittskarte" dient.

Für ein solches Spielefest benötigen Sie lediglich ein geräumiges Zimmer oder aber – falls es die Witterung erlaubt – eine große Wiese.

Ablauf

Nach der Begrüßung (s. S. 20–21) und einem Eröffnungstanz lassen Sie aus einem Hut die verschiedenen Spiele ziehen und stellen so eine abwechslungsreiche Spielerunde zusammen. Dazu wird eine bestimmte Zahl festgelegt. Wer diese Zahl würfelt, darf einen Zettel ziehen und das Spiel beginnen. Nach der Spielerunde folgt eine Mitmachgeschichte.

Zum Abschluss sitzen die Kinder im Kreis. Das Geburtstagskind hält einen Suppenlöffel mit einem kleinen Gastgeschenk (beispielsweise einem Überraschungsei) in der Hand. Es läuft Musik, und der Löffel wird vorsichtig von Kind zu Kind weitergegeben. Wird die Musik ausgestellt, kann das Kind, welches den Löffel gerade in der Hand hält, das Geschenk behalten und scheidet aus. Das Spiel geht so lange weiter, bis alle ein Geschenk erhalten haben. Alle Kinder singen noch ein Abschiedslied und können sich an kunterbunten Leckereien laben.

Einladungen

Hutkarte

Tonkarton (verschiedene Farben), Waben- oder Transparentpapier etc. (verschiedene Farben), Buntstifte, Filzstifte, Wachsmalstifte, Geschenkbänder oder Bast etc., Klebstoff, Schere, Bleistift

Bei dieser Einladung sind der Fantasie keinerlei Grenzen gesetzt. Als Erstes ein großes Rechteck aus Tonkarton schneiden und zu einer Klappkarte zusammenfalten. Nun einen Hut Ihrer Wahl (z. B. Tirolerhut, Sonnenhut, Clownshut, Schornsteinfegerhut usw.) aufzeichnen und so ausschneiden, dass sich die Karte noch auseinander falten lässt. Die Vorderseite mit den angegebenen Materialien kunterbunt gestalten. Auf die Innenseite den Einladungstext schreiben.

Flaschenpost

Flaschen (durchsichtig), Papier, Filzstifte, Acrylfarbe

Eine saubere, trockene Flasche mit Acrylfarben bemalen. Auf ein Papier wird nun alles geschrieben, was für die Feier wichtig ist. Das Papier zusammenrollen und in die Flasche stecken.

Einladungsbonbon

Toilettenpapierrollen, Geschenkpapier (bunt), Papier, Buntstifte, Geschenkband, Klebestoff, Schere

Aus dem Geschenkpapier ein Rechteck schneiden, das etwa 20 cm länger ist als die Toilettenpapierrolle. Die Rolle mit Klebstoff einstreichen und so mit Geschenkpapier bekleben, dass rechts und links ein Rand übersteht. Die Einladung auf ein Blatt Papier schreiben und in die Toilettenpapierrolle legen. Das Bonbon am Anfang und Ende zudrehen und mit Geschenkband verknoten.

Variation: Auf ein kleines Stück Papier werden alle Informationen geschrieben. Dieser Zettel wird in den Luftballon gesteckt. Nun kann er aufgeblasen und fest verknotet werden. Der Ballon wird wie ein Bonbon in Transparentfolie gewickelt.

Dekorationen

Schlaraffenland

Krepppapier (Rottöne), Stoffe (Rottöne)

Da dieser Geburtstag ein sehr großzügiges Motto hat, kann auch die Raumdekoration entsprechend frei gestaltet werden. So können Sie das Partyzimmer beispielsweise in ein Schlaraffenland verwandeln, wo das Spielen gleich doppelt Spaß macht! Hängen Sie die Wände mit Krepppapier und Stoffen in warmen Rottönen ab. An diesen Papier- beziehungsweise Stoffbahnen befestigen Sie folgende Dekorationen.

Bunte Knallbonbons

Luftballons (verschiedene Farben), Transparentfolie, Geschenkband, Klebeband, Schere

Die Luftballons aufblasen und fest verknoten. Dann werden sie in Transparentfolie gewickelt, deren Enden mit Klebe- und Geschenkband zu einem Bonbon verschnürt werden. An den Bändern können die Knallbonbons aufgehängt werden.

Variation: Stecken Sie in jeden Ballon vor dem Aufblasen einen kleinen „Wunschzettel", auf dem beispielsweise steht: „Ich wünsche dir, dass du immer einen Freund hast!" oder „Ich wünsche dir, dass du glücklich bleibst!" oder „Ich wünsche dir, dass du gesund bleibst!" usw. Die Ballons können am Schluss der Feier zerstochen werden, um den jeweiligen Wunsch laut vorzulesen. Oder jeder Gast nimmt einen Ballon mit nach Hause und kann sich dort in Ruhe die Botschaft zu Gemüte führen.

Kunterbunte Lutscher

Tonkarton
(verschiedene Farben),
Krepppapier (verschiedene
Farben), Schaschlikspieße,
Transparentfolie, Nähgarn,
Nähnadeln, Mäusespeck,
Filzstifte, Klebeband,
Klebstoff, Schere, Bleistift

Aus buntem Tonkarton Kreise schneiden. Daran werden Schaschlik-
stäbe geklebt und schon sind die Lutscher fertig. Diese werden – wie
in „Wirklichkeit" – mit Transparentfolie eingepackt.

Variationen: Aus Bastelkarton können auch Zuckerstangen,
Mohrenköpfe oder bunte Teddybärchen geschnitten und mit Krepppapier gestaltet oder bunten Stiften bemalt werden. Sie sind ebenfalls sehr dekorativ und sorgen dafür, dass die Kinder sich wie in
einem Schlaraffenland fühlen.

Schlaraffenpäckchen

Verpackungs-
kartons (groß und klein,
z. B. Streichholzschachteln
oder Nudelkartons), Toilettenpapierrollen, Geschenkpapier,
Geschenkband

Sammeln Sie in den letzten Wochen vor der Party sämtliche Ver-
packungskartons, die im Haushalt anfallen. Diese können Sie mit
buntem Geschenkpapier
einschlagen, mit passen-
dem Geschenkband ver-
sehen und als „Schlaraf-
fenschmuck" an die
Wand hängen.

Krepppapier-Girlanden

Krepppapier
(verschiedene Farben),
Schere, Stecknadeln

Aus dem Krepppapier werden ca. 5 cm breite Streifen geschnitten
und in Zeltform unter die Decke gehängt.

Spiele

Eins, zwei, drei, wer hat den Hut?

1 Hut oder Kappe
pro Mitspieler, fetzige Musik

Zur Eröffnung tanzen die Kinder nach fetziger Musik durch den Raum. Wird die Musik abgestellt, so holt sich jeder schnell eine Kopfbedeckung. Mit dieser wird weiter getanzt. Die Dauer der Tanzzeit kann der Spielleiter bestimmen.

Der Klamottenkönig

Auswahl von je
2 gleichen Kleidungsstücken,
Topfdeckel, Holzlöffel

Zwei Kinder stehen vor einem Berg mit gleichen Kleidungsstücken. Ein Kind steht mit dem Rücken zu ihnen und hält einen Topfdeckel und Holzlöffel in der Hand. Es gibt damit das Zeichen für den Beginn und für das Ende des Spieles an. Schlägt das Kind auf den Deckel, versuchen die Spieler, so schnell es geht, die Kleidungsstücke anzuziehen. Schlägt das Kind erneut auf den Deckel, so ist das Spiel

zu Ende. Die Teile werden nun gezählt. Wer ist der Klamottenkönig?

Variation: Je nach Alter der Kinder können auch Hüte, Ketten, Schuhe, Brillen, Taschen, Schwimmflossen etc. in den Kleiderberg aufgenommen werden.

Pantoffeltennis

Die Kinder stehen im Kreis. Bei Musik wird der Ballon in der Luft gehalten, d. h. mit einem Pantoffel oder Schuh hochgeschlagen. Fällt er bei einem Kind auf die Erde, so bekommt es eine Aschennase. Es darf aber noch mitspielen. Wird die Musik vom Spielleiter ausgeschaltet, so legt das Kind, das zuletzt geschlagen hat, eine Spielpause ein. Damit wird der Kreis der Mitspieler immer kleiner. Das Spiel ist beendet, wenn nur noch ein Kind übrig ist. Wer ist ohne Aschennase davongekommen?

1 Kinderpantoffel oder -schuh pro Mitspieler, Luftballon, Tanzmusik, etwas Asche oder Kerzenruß

Kleiderbügeltanz

Kleiderbügel,
Tanzmusik, viele
Wäscheklammern

Die Kinder stehen im Kreis. Das Geburtstagskind steht mit dem Rücken zu den Mitspielern und regelt die Lautstärke der Musik. Ein Kind hält den Kleiderbügel zwischen den Knien. Nun läuft die Musik und das Kind übergibt hüpfend den Kleiderbügel einem anderen Kind. Dieses nimmt ihn nur mit den Knien an und bringt ihn hüpfend einem anderen Mitspieler usw. Plötzlich wird die Musik leise gestellt. Wer gerade den Bügel zwischen den Knien hält, bekommt eine Wäscheklammer ins Haar oder an die Kleidung. Schluss ist, wenn keine Wäscheklammern mehr vorhanden sind. Wer ist Wäscheklammerkönig?

Wettessen

Pappteller,
Minimohrenköpfe, Plätzchen,
Erdnussflips, 6 Stühle,
4 Tücher

Dieses Spiel ist ein Wettspiel. Dazu werden zweimal drei Stühle in einem geringen Abstand aufgestellt. Auf ihnen liegen Pappteller mit jeweils Erdnussflips, Plätzchen und Minimohrenköpfen. Den zwei Mitspielern werden die Beine und die Hände auf dem Rücken zusammengebunden. Auf ein Kommando hüpfen sie nun von Stuhl zu Stuhl, knien sich davor hin und essen nur mit dem Mund den Teller leer. Wer fertig ist, hüpft zum Start zurück.

Wer bin ich?

pro Mitspieler ein Blatt Papier (undurchsichtig), auf das ein Tier gemalt ist (z. B. Schmetterling, Regenwurm, Hase usw.), Wäscheklammern, Klebeband (doppelseitig)

Die Zettel werden mit der Rückseite nach oben wie ein Kartenspiel einem Kind hingehalten. Es sucht sich eine Karte aus, ohne zu wissen, um welches Bild es sich handelt. Das Bild wird mit der Wäscheklammer auf seinem Rücken befestigt. Haben alle anderen Mitspieler das Bild gesehen, so muss nun das ratende Kind „sein Tier" durch Fragen herausfinden. „Kann ich fliegen?", „Kann ich hüpfen?", „Lebe ich im Wald?" usw. Glaubt es, die Lösung zu kennen, kann es seinen Namen sagen. Hat es richtig geraten, kommt ein anderes Kind an die Reihe. Liegt es falsch, darf es weitere Fragen stellen.

Variation: Für ältere Kinder können auch berühmte Menschen, Naturphänomene, Berufe oder Werkzeuge etc. ausgewählt werden. Das jeweilige Wort wird auf einen Papierstreifen geschrieben und mit doppelseitigem Klebeband auf die Stirn des Ratenden geklebt.

Reise nach Jerusalem

1 Stuhl pro Mitspieler, Musik

Die Stühle stehen versetzt in einer Stuhlreihe. Alle Kinder bewegen sich nach Anweisung eines Spielleiters, der auch die Musik bedient, hüpfend, krabbelnd, rückwärts, auf einem Bein, im Entengang etc. durch den Raum. Stellt der Spielleiter die Musik ab, suchen sich alle schnell einen Platz auf einem Stuhl. In der nächsten Runde wird ein Stuhl weggenommen. Wer nun bei Ausbleiben der Musik keinen Sitzplatz ergattert, macht eine Spielpause. Ein weiterer Stuhl wird weggenommen usw. Das Spiel wird so lange fortgesetzt, bis nur noch ein Spieler übrig bleibt.

Spaßstaffel

2 Pfeifenputzer, 2 Hüte, 2 Luftballons, 2 Holzlöffel, 2 Tennisbälle

Auf zwei Startbahnen liegen in gleichmäßigen Abständen je ein Pfeifenputzer, ein Luftballon, eine Plastikschüssel und ein Holzlöffel mit dem Tennisball. Zwei Spieler stehen am Start. Auf ein Kommando laufen sie zu den einzelnen Gegenständen. Den Pfeifenputzer müssen sie unter ihre Nase oder zwischen die Lippen klemmen, den Hut auf

den Kopf setzen, den Luftballon zwischen die Beine nehmen und den Tennisball auf dem Holzlöffel ins Ziel tragen.

Verreisen

Vier bis fünf Kinder stehen nebeneinander. Ein anderes Kind schaut sich diese genau an und achtet darauf, welche Kleidungsstücke sie tragen. Dann geht es in den Nebenraum, wo ihm die Augen verbunden werden. Von den vier bzw. fünf Kindern wird eines ausgesucht, welches verreisen will. Dieses bleibt in der Mitte stehen. Das ratende Kind wird wieder hereingeführt. Nun kann jeder Mitspieler dem ratenden Kind ein Kleidungsstück nennen, das der Reisende trägt. Wer hat sich auf die Reise gemacht?

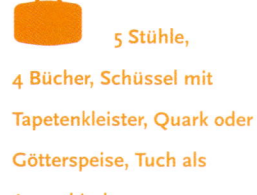

Tuch als
Augenbinde

Variation: Spielen ältere Kinder mit, so muss sich das ratende Kind zunächst alle Mitspieler anschauen. Spielen hingegen kleinere Kinder mit, so kann jedem Kind ein besonderes Merkmal in die Hand gegeben oder auf den Kopf gesetzt werden (Puppe, Ball, Hut usw.).

Bücherzauberei

5 Stühle,
4 Bücher, Schüssel mit
Tapetenkleister, Quark oder
Götterspeise, Tuch als
Augenbinde

Jeder möchte gerne klug, stark, reich und schön sein. Kein Problem, denn magische Bücher können diese Wünsche erfüllen! Doch die Bücher darf niemand sehen, sondern nur fühlen.

Jeder Mitspieler geht vor die Tür, wo er die Augen verbunden bekommt. Im Partyraum werden vier Bücher und zum Schluss eine

Schüssel mit Kleister, Quark oder – besonders beliebt – Götterspeise auf den Stuhlparcours gelegt.

Das erste Kind wird hereingeholt und zu den Büchern geführt. Der Spielleiter nimmt seine Hände und legt sie nacheinander mit folgenden Worten auf die Zauberbücher: „Das erste Buch macht dich stark", „Das zweite Buch macht dich wunderschön" usw. Kommt er zu der Schüssel, heißt es: „Das fünfte Buch macht dich ganz …" – er patscht die Hände in die Glibbermasse – „klebrig!"

Mitmachgeschichte

Das Märchen von der traurigen Schokolade

Schokoladentafel, Messer, Gabel, Hut, evtl. Würfel, Handschuhe und Schal

Spielablauf: Lesen Sie das Märchen von der traurigen Schokolade vor. Sobald das Wort „Schokolade" in der Geschichte auftaucht, setzt sich das Geburtstagskind schnell den Hut auf, öffnet die Schokolade, schneidet mit dem Messer ein Stück ab, legt es auf die Gabel und isst es. Es darf so lange Schokoladenstücke essen, bis in der Geschichte wieder das Wort „Schokolade" fällt. Dann ist das Nachbarkind an der Reihe usw. Das Spiel ist aus, wenn die Schokolade aufgegessen oder aber die Geschichte zu Ende ist.

Variationen: Das Spiel wird schwieriger, wenn mehrere Kleidungsstücke (Schal, Handschuhe) angezogen werden müssen. Statt der Schokolade können auch andere Lebensmittel (z. B. Nussriegel) verspeist werden. In diesem Falle sollte die Geschichte entsprechend abgeändert werden.

Dieses Spiel kann auch ohne die Geschichte gespielt werden. Stattdessen wird eine Zahl zwischen eins und sechs festgelegt und reihum gewürfelt. Würfelt ein Mitspieler die entsprechende Zahl, zieht er flugs sämtliche Kleidungsstücke an und beginnt zu essen. In der Zwischenzeit wird weiter gewürfelt, bis der Nächste an der Reihe ist usw.

Es war einmal eine SCHOKO-LADE, die lag mit vielen anderen Kameraden in einem Süßigkeitenregal. Um sie herum lagen aber auch Plätzchen, süße und saure Bonbons, Marzipan, Kekse, Pfefferminz und Lakritz. Täglich wurden diese Süßigkeiten von vielen kleinen und großen Händen angefasst, betrachtet, beschnüffelt, wieder hingelegt oder mitgenommen.

Auch unsere SCHOKOLADE musste sich täglich anfassen und beschnüffeln lassen – nur um dann doch wieder ins Regal zurückgelegt zu werden. Oft verschwanden stattdessen die süßen Bonbons oder das Lakritz. Die Tage vergingen, und die SCHOKOLADE sah, wie es um sie herum immer leerer wurde. Die Plätzchen waren weg, die Kekse wurden weniger und auch von dem Marzipan war nicht mehr viel da. Nur unsere kleine SCHOKOLADE wurde immer wieder angefasst, beschnuppert – und wieder ins Regal zurückgelegt.

Eines Nachts, als es um sie herum sehr still war, da fühlte sich unsere zuckersüße, braune SCHOKOLADE sehr, sehr einsam. Alle Süßigkeiten um sie herum, die Pfefferminze, die sauren Bonbons und sogar die anderen SCHOKOLADEN waren verschwunden.

Nur sie, sie lag noch im Regal. Leise, ganz leise fing sie an zu weinen und flüsterte: „Warum mag mich keiner, warum nimmt mich niemand mit nach Hause. Sehe ich denn so hässlich aus oder rieche ich vielleicht so schrecklich? Ach, wenn mich doch auch mal jemand mögen würde." Vor Kummer wurde unsere SCHOKOLADE ganz weich und verlor ein wenig ihre wunderschöne Form. Als sie am anderen Morgen ihre Augen öffnete, da sah sie, wie kleine Hände nach ihr griffen und eine liebe Stimme sagte: „Diese SCHOKOLADE möchte ich haben." Die kleinen Hände hielten sie an eine Nase und wieder hörte sie eine Stimme: „Die SCHOKOLADE duftet herrlich. Sie schmeckt bestimmt köstlich." Nun wurde sie auf ein Fließband gelegt und dann in eine Tasche gesteckt. Hier war es stockdunkel, aber unsere kleine, traurige, einsame SCHOKOLADE fühlte sich auf einmal sehr glücklich. Kurze Zeit später lag sie auf einem Tisch. Ihr Kleid wurde geöffnet und dann, ja dann geschah etwas, was mit allen SCHOKOLADEN passiert. Sie wurde ruck zuck aufgegessen …

Rezeptideen: Kunterbunte Leckereien

Kunterbunter Spieß

**Käse, Fleisch-
wurst, Cocktailtomaten,
Paprika, Cornichons usw.,
Schaschlikspieße**

Der Gästezahl entsprechende Menge an Käse würfeln, Fleischwurst
in dicke Stücke schneiden. Alle anderen Zutaten werden, wenn
nötig, gewaschen und eventuell noch gewürfelt. In kleinen Schalen
stehen sie auf dem Buffet. Nun kann jedes Kind sich seinen ganz
persönlichen Spieß zusammenstellen.

Milchmixgetränke

**Milch, verschie-
dene Früchte (Bananen,
Erdbeeren, Kiwi etc.), Honig**

Das Obst wird püriert und mit der Milch vermengt. Nach Bedarf
mit Honig süßen.

Reibekuchen mit Apfelmus

**vorgebackene
Reibekuchen, Apfelmus,
etwas Fett**

Reibekuchen sind auf jeder Kinderparty ein Renner! Bereiten Sie
diese Speise ruhig vor den Augen der Kinder zu, denn heiß serviert
wird sie heiß geliebt!

Bananeneierkuchen

**(für 1 Portion)
Banane, 1 EL. Orangensaft,
1 Tl. Puderzucker, 2 Eier,
1 El. Wasser, $1/4$ Tl. Salz,
1 El. Butter,
Zucker-Zimt-Gemisch**

Banane klein schneiden und mit Orangensaft und Puderzucker
mischen. Eier mit Wasser und Salz verrühren und schaumig schlagen.
Butter in der Pfanne erhitzen und das Ei in die Pfanne geben. Der
Eierkuchen ist fertig, wenn er von beiden Seiten goldgelb ist. Diesen
auf einen Teller geben, die Bananenscheiben auf eine Hälfte legen
und zuklappen. Mit Zimt und Zucker bestreuen.

Geisterrallye

Eine Stadtrallye ist immer ein unvergessliches Geburtstagserlebnis. Steht diese unter einem bestimmten Motto, so wird sie für Kinder doppelt spannend. Wie wär's einmal mit einer Geisterrallye? Auf der Suche nach Krötengalle und gefährlichen Zitronenspinnen können die kleinen Gespenster die Gegend unsicher machen und jede Menge Schabernack treiben!

Ablauf

Die Gäste treffen sich bei Ihnen zu Hause. Nach der allgemeinen Begrüßung werden die Kinder als Gespenster verkleidet und geschminkt. Sie erhalten die erste Spielaufgabe – und ab geht's in den Geisterspaß!

Ein kräftiges Salatpicknick stillt Geisterhunger, als Gastgeschenk gibt's Zitronenspinnen und Spinnenfäden.

Vorbereitungen

▶ Lesen Sie sich die Informationen zu den einzelnen Stationen einige Tage vorher gut durch. So vermeiden Sie Stress, und die Rallye kann reibungslos ablaufen.

▶ Suchen Sie am Tag vor der Party sämtliche benötigten Gegenstände zusammen. Schreiben Sie die Aufgabenzettel und verschließen Sie diese in Umschlägen.

▶ Am Vormittag der Geisterrallye weiße Stofffetzen als Wegweiser an Bäume, Sträucher, Zäune usw. aufhängen. Dort, wo die Kinder eine Aufgabe erhalten, malen Sie mit Kreide eine große Spinne oder ein Gespenst auf den Boden.

▶ Informieren Sie Nachbarn, Haus-, und Gaststättenbesitzer über den Ablauf der Rallye und bitten Sie um Mithilfe. Hinterlassen Sie die Gegenstände, welche die Kinder für ihre Aufgaben benötigen. Aufgabenzettel befestigen Sie an Haustüren, Fenstern oder Garagentoren.

▶ Verstecken Sie alle Gegenstände, auf deren Suche sich die Gespenster begeben sollen (z. B. Kröteneier, Zitronenspinnen).

▶ Besorgen Sie sich einen Bollerwagen. Darin können Sie die Picknicksachen und alle weiteren Utensilien transportieren (Decke,

Butterbrottüten mit Mehl oder Zucker, Sprühdosen mit Rasier- oder Haarschaum, für jedes Kind eine Lakritzschnecke, Getränke, Pappgeschirr etc., Salatschüsseln, Holzlöffel, Eimer).

Einladungen

Tipp: Vermerken Sie auf den Einladungen, dass die Kinder weiße Betttücher für ihr Kostüm mitbringen.

Versponnene Einladung

Stoffreste (weiß), Stoffmalstift, Wollreste oder Nähgarn

Alle wichtigen Informationen auf ein weißes Stück Stoff schreiben. Den Stoff zusammenknüllen und mit Wolle oder Nähgarn umwickeln.

Gespensterlocke

Papier (weiß), Filzstifte, Klebestift, Klebeband, Geschenkband, Schere

Schneiden Sie aus weißem Papier lange schmale Streifen. Auf diese Streifen die Einladung schreiben. Die Streifen langsam über eine Schere ziehen. Die „Locken" mit Klebe- und Geschenkband zusammenbinden.

Geisterballon

Luftballons (weiß), Folienstifte

Den Luftballon aufblasen und verknoten. Mit Folienstift die Einladung auf den Ballon schreiben. Sobald die Schrift getrocknet ist, den Knoten lösen und die Luft aus dem Ballon lassen. Der Adressat muss den Ballon aufblasen, um die Informationen entziffern zu können.

Verkleidungen

Gespenster

Bettlaken (weiß), Stoffmalstifte, Schminkfarben, Wolle, Haarspray, Mehl

Ein Betttuch über den Kopf des Kindes hängen und Augen- und Mundkonturen nachmalen. Das Tuch wieder abnehmen, um Mund- und Nasenöffnungen großzügig auszuschneiden. Das Tuch erneut überhängen und unterhalb des Kopfes ganz leicht zusammenbinden. Nun das Gewand so kürzen, dass das Kind genügend Bewegungsfreiraum hat und nicht stolpern kann.

Ist es sehr heiß oder sollte ein Kind sein Gewand nicht über dem Kopf tragen mögen, so schneiden Sie ein großes Loch in das Betttuch. Es wird über die Schulter gehängt.

Das Gesicht können Sie gespenstisch schminken, die Haare mit Haarspray und Mehl weißen.

Spiele

Start

Spielaufgabe: Sucht, direkt hier in der Nachbarschaft das Haus, vor dem eine Riesenspinne sitzt. Hier erfahrt ihr, wie's weitergeht. Die Kinder machen sich auf die Suche.

Erste Station: Geisterkuss

jede Menge
Krachmacher (Pfeifen, Tröten,
Ratschen), Minimohrenköpfe
(weiß), Blatt Papier, Schuhkarton (mit weißem Papier
eingeschlagen)

Ort: Nachbarhaus
Spielaufgabe: Schellt hier an und verlangt ein weißes Päckchen.
Die Kinder klingeln bei einem netten – zuvor instruierten – Nach-
barn und bekommen folgendes Rätsel gestellt:

Welche Tomaten kann man nicht essen?
(Die Automaten)

Haben die Geister das Rätsel gelöst, er-
halten sie den Karton mit Krachmachern,
Minimohrenköpfen und folgender
Botschaft:

Ihr Geister, kennt ihr euch hier aus,
dann zieht mit Krach von Haus zu Haus.
Achtet gut auf weiße Fahnen,
sie lassen euch den Weg erahnen.
Dort wo ihr Spinnen seht, bleibt steh'n,
was dann passiert, ihr werdet's seh'n.
Und jetzt zum guten Schluss,
bekommt ihr noch den Geisterkuss.

Zum Auftakt verteilt das Geburtstagskind
die Krachmacher und Mohrenköpfe.
    Mit Krach zieht die Geisterkarawane
zur zweiten Station. Die Stofffahnen zeigen
ihnen den Weg. Unterwegs können sie ein wenig Schabernack treiben und mit Mehl und Zucker Würmer auf die Straßen streuen oder
mit Rasierschaum Spinnen malen. Treffen die Kinder auf eine Riesenspinne, finden sie ihre nächste Aufgabe.

Zweite Station: Kröteneier

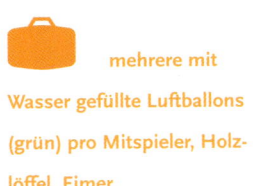

mehrere mit Wasser gefüllte Luftballons (grün) pro Mitspieler, Holzlöffel, Eimer

Ort: Dorfplatz, Wiese oder Spielplatz
Spielaufgabe: Die Geister finden folgende Botschaft:

Die Kröteneier sind verschwunden,
hat sie vielleicht jemand gefunden?
Die grünen Eier, sie sind fort,
bringt sie zurück an diesen Ort.

Die Kinder suchen die bereits am Vormittag versteckten Kröteneier. Haben sie diese gefunden, müssen die Kröteneier von einem Startpunkt aus auf einem Holzlöffel zu einem Eimer transportiert werden. Wer schafft das, ohne sein Ei fallen zu lassen?

Haben alle die Aufgabe erfüllt, geht's weiter zur nächsten Riesenspinne.

Dritte Station: Schwamidrink

Pappbecher, Strohhalme, Schwamidrink (=Schwarzmilchdrink: warme Milch, gesüßt mit Honig, gefärbt mit schwarzer Lebensmittelfarbe)

Ort: Gaststätte, Haus von Freunden o. Ä.
Spielaufgabe: Im Fenster hängt folgende Nachricht:

Den Schwamidrink gibt's heute hier,
wer ihn will, der kommt zu mir.
Er ist das Beste von der Welt
und kostet überhaupt kein Geld.
Darum kommt jetzt in mein Haus,
ich geb' euch einen Schwami aus.

Mit den Kindern gehen Sie nun in die Gaststätte oder das Haus und verlangen den Schwamidrink. Die Kinder probieren das Getränk. Bevor sie weiterziehen dürfen, müssen sie folgendes Rätsel lösen:

Was ist das?
Es rüttelt sich, es schüttelt sich und macht ein Häufchen unter sich.
(Sieb)

Mit viel Krach zieht der Geisterzug zur vierten Station.

Vierte Station: Krötengalle

Götterspeise (grün, abgefüllt in Plastikschnapsgläser), Dessertlöffel

Ort: Haus mit Baum davor
Spielaufgabe: An einem Baum, der vor einem Haus steht, hängt der nächste Geisterbrief:

Hier im Haus gibt es für alle
knallgrasgrüne Krötengalle.
Klingelt geschwind und mit Bedacht
wird euch die Türe aufgemacht.

Einer klingelt und verlangt die Krötengalle. Sie wird herausgegeben und die Kinder müssen mit einem kleinen Eislöffel diese Köstlichkeit, ohne etwas zu verplempern, essen.

Variation: Sie können sich auch gegenseitig, ohne zu kleckern, mit Krötengalle füttern.

Bevor die Suche weitergeht, stellt der nette Hausbesitzer ein Rätsel:

Was wächst stets nach unten?
(Der Eiszapfen)

Fünfte Station: Geisterspucke

Quark (dickflüssig, gesüßt oder ungesüßt, abgefüllt in Plastikschnapsgläser), Strohhalme (dick)

Ort: Gastwirtschaft.
Spielaufgabe: An der Tür der Gaststätte liest die Geisterkarawane folgende Reime:

Ob Jung, ob Alt, ob Groß, ob Klein,
jeder soll heut' Gast hier sein.
Denn Geisterspucke kommt ganz frisch
zu mir hier auf den Thekentisch.
Kommt herein, die Tür steht auf,
kommt herein, ich freu mich drauf.

Alle gehen in die Gastwirtschaft und trinken dort die Geisterspucke. Bevor sie aufbrechen, muss ein weiteres Rätsel gelöst werden:

Welcher Pilz ist der fröhlichste?
(Der Glückspilz)

Mit viel Getöse und Klamauk geht's nun zum Ziel.

Ziel: Die Zitronenspinnen

1 Softball (gelb)
pro Mitspieler, Pfeifenputzer,
Klebeband (doppelseitig),
Lakritzschnecken, Tonkarton
(gelb)

Vorbereitung: Fertigen Sie bereits einige Tage vorher gefährliche Zitronenspinnen. Kleben Sie hierfür einen gelben Softball auf drei bis vier kreuzweise übereinander gelegte Pfeifenputzer.

Variation: Statt der Softbälle können Sie auch gelben Tonkarton verwenden.

Ort: Wiese oder Spielplatz

Spielaufgabe: Am Ziel angelangt, finden die Kinder folgende Aufgabe:

O weh, o Schreck, o weh, o Schreck,
die Zitronenspinnen, die sind weg.
Wer sie bringt zu mir zurück,
ja, dem winkt das Finderglück.

Die kleinen Gespenster machen sich auf die Jagd nach den gefährlichen Zitronenspinnen. Haben sie alle eingefangen, erhalten sie als Finderlohn die langen schwarzen Spinnfäden der Zitronenspinnen (=Lakritzschnecken).

Die Geisterrallye ist nun zu Ende und alle können sich gemeinsam an einem Salatpicknick stärken.

Rezeptideen: Salatpicknick für hungrige Geister

Tipps: Alle Salate lassen sich bereits am Vortag zubereiten. Nicht fehlen sollten Baguettes, eventuell kalte Wiener Würstchen, fruchtige Getränke, Pappteller, Partygeschirr und Partybesteck.

Feuriger Bohnensalat

1 große Dose rote Bohnen, 2 Dosen Mais, 1 Bd. Frühlingszwiebeln oder eine Stange Lauch, 200 g Edamer, eine dünne Salami, 5 El. Weinessig, 1 TL. scharfer Senf, Salz, Pfeffer (schwarz), Zucker, 7 El. Öl

Bohnen und Mais abschütten und mit Wasser überbrausen. Frühlingszwiebeln waschen und in Ringe schneiden, Käse würfeln, Salami abziehen und in kleine Stücke schneiden, Essig, Senf, Salz, Pfeffer und Zucker verrühren und das Öl unterschlagen. Alle Zutaten miteinander vermengen.

Bunter Wurstsalat

Fleischwurst, dünne Salami, 200 g Gouda, 1 Paprika, 1 Zwiebel, 5 El. Rotweinessig, Salz, Pfeffer, Zucker, 6 El. Öl

Salami, Fleischwurst und den Käse in dünne Stücke schneiden. Paprika und Zwiebel klein schneiden, aus Essig, Öl, Salz, Pfeffer, Zucker ein Dressing bereiten. Alles gut miteinander vermengen.

Kartoffelsalat mit Pfiff

750 g gekochte Kartoffeln, 5 El. Wasser (heiß), 3 El. Kräuteressig, 1/2 Tl. Salz, 1 Zwiebel (klein), 1/2 Tl. Zucker, etwas Pfeffer aus der Mühle, 200 g Salami, 2 Gewürzgurken, evtl. Tomaten Soße: 1/2 Becher Jogurt, 2 El. Mayonnaise, 1 Spritzer Tabasco, 1 Tl. Senf, 1/2 Tl. Zucker

Kartoffeln abkühlen lassen, schälen und in Würfel schneiden. Zwiebel ganz klein hacken und mit Wasser, Essig, Salz, Zucker und etwas Pfeffer verrühren. Über die Kartoffeln schütten und durchschwenken. Salami und Gurken klein schneiden und zu den Kartoffeln geben. Aus den Zutaten eine Soße rühren und über den Salat geben. Nach Belieben einige Tomaten aushöhlen, das Fruchtfleisch klein schneiden und zu dem Salat geben.

Die große Geburtstagsolympiade

Auf die Plätze, fertig, los! Sobald Kinder in die Schule kommen, entdecken sie neue Sportarten wie Fußball, Wettlauf, Weitsprung usw., deren Herausforderungen sie sich gerne stellen. So bietet es sich an, Kinder mit einer sportlichen Geburtstagsfeier zu überraschen. Bei der Auswahl der Spiele sollten auch unbekannte und spaßige Sportarten berücksichtigt oder gar neue kreiert werden.

Eine Mischung aus Bekanntem und Unbekanntem, aus lustigen Spielen und Aktionen mit Wettkampf- charakter macht eine Geburtstags- olympiade zu einem unvergesslichen Erlebnis. Für die in diesem Kapitel vorgeschlagenen Spiele benötigen Sie lediglich eine große Wiese.

Ablauf

Nach der Begrüßung (s. S. 20–21) ziehen sich die Kinder ihre mitgebrachte Sportkleidung an. Sodann werden zwei Mannschaften gebildet. Damit diese Aufteilung gerecht erfolgt, bereiten Sie rote und blaue Zettel in gleicher Anzahl vor. Diese werden in einen Beutel gelegt. Die Kinder ziehen nacheinander einen Zettel und so entstehen die Olympiateams, die bei unterschiedlichsten Spielen gegeneinander antreten. Nach einer Mitmachgeschichte folgt die Siegerehrung und das Sportlerbuffet wird eröffnet.

Einladungen

Tipp: Vermerken Sie auf den Einladungen, dass die Kinder Sportbekleidung und Turnschuhe mitbringen.

Einladungsball

Ball, Folienstift

Auf einen Ball alle wichtigen Informationen schreiben. Dieser Ball ist gleichzeitig das Gastgeschenk. Zur Party bringen ihn die Eingeladenen mit, denn am Ende wird er von jedem unterschrieben.

Olympische Medaille

Pappteller oder Tonkarton (verschiedene Farben), Krepppapier (verschiedene Farben), Filzstifte, Heftklammern, Locher, Schleifenband

Aus dem Krepppapier einen ca. 5 cm breiten Streifen schneiden und wie eine Halskrause um den Pappteller oder Kreis aus Tonkarton heften. Mit Filzstiften alle wichtigen Informationen festhalten. Abschließend am oberen Rand ein Loch stanzen und ein Schleifenband als Aufhängung hindurchziehen.

Frisbeescheibe

Frisbeescheibe,
Folienstifte (verschiedene
Farben)

Die Frisbeescheibe mit der Einladung beschriften und anschließend verzieren. Ebenso wie der Einladungsball sollte sie zur Feier mitgebracht werden, damit zum Schluss alle Olympioniken unterschreiben können.

Spiele

Selbstverständlich können sämtliche Spiele ohne Wertung durchgeführt werden. Sollen sie jedoch einen stärkeren Wettkampfcharakter erhalten, fertigen Sie für jedes Kind eine Liste an, um Zeiten und Punkte einzutragen. Zur Siegerehrung werden die Listen ausgewertet – allerdings erhält jeder Teilnehmer eine Medaille!

Hindernislauf

Als Erstes zwei gleiche Hindernisreihen aufbauen. Die Läufer stehen am Start. Auf ein Kommando starten sie und laufen um, über oder durch die Hindernisse bis zum Ziel, setzen sich einen Hut auf und kehren zum Start zurück. Das nächste Kind läuft los usw. Die Mitspieler der Siegermannschaft erhalten je zwei Punkte, die anderen je einen Punkt.

Hindernisse
wie Wasserkästen, Stühle
oder Hocker, Pfeife, 2 Hüte

Fußballkegeln

9 mit Sand
gefüllte Plastikflaschen,
Fußball

Neun Flaschen werden aufgebaut. Nun muss jeder mit drei Schuss versuchen, möglichst viele Flaschen umzuschießen. Jede umgeschossene Flasche ergibt einen Punkt.

Wäsche aufhängen

2 lange Wäsche-
leinen, Trockentücher,
Wäscheklammern,
2 Wäschekörbe, 2 Eimer,
Pfeife, evtl. 2 Stühle

Zwei Wäscheleinen werden stramm aufgehängt (z. B. an Stühlen). Jeweils am Start stehen ein Korb mit der gleichen Anzahl an Trockentüchern und ein Eimer mit Wäscheklammern. Auf ein Kommando läuft aus jeder Gruppe ein Sportler los und hängt die Trockentücher auf. Sobald er fertig ist, läuft der Nächste los und nimmt sie ab. Sobald dieser fertig ist, läuft der Nächste los und hängt die Wäsche wieder auf usw. Die Mitspieler aus der Siegermannschaft erhalten je zwei Punkte, die anderen je einen Punkt.

Tennisballlauf

Jeweils am Start steht ein Eimer mit Tennisbällen, am Ziel steht ein leerer Eimer. Die ersten zwei Läufer halten eine Suppenkelle in der Hand. Auf ein Kommando schöpfen sie einen Ball aus dem Eimer, laufen zum Ziel, werfen den Ball in den leeren Eimer und kehren zum Start zurück. Die nächsten Sportler erhalten die Löffel usw. Welche Mannschaft transportiert zuerst alle Bälle vom Start zum Ziel?

2 Suppenkellen,
Tennis- oder Jonglierbälle,
4 Eimer, Pfeife

Jeder Mitspieler der Siegermannschaft erhält zwei Punkte. Die Mitspieler der zweiten Mannschaft erhalten je einen Trostpunkt.

Ballweitwurf

Stockschirm,
Tennisbälle

Ein Stockschirm wird in einen Baum gehängt. Von einer Startlinie aus versucht jedes Kind, drei Bälle in den Schirm zu werfen. Jeder im Schirm platzierte Ball ergibt einen Punkt.

Tunnelball

2 Bälle

Die Mannschaftsmitglieder stehen in einem kleinen Abstand hintereinander mit gegrätschten Beinen. Das erste Kind rollt den Ball durch die Beine nach hinten, die anderen geben dem Ball einen Schubs, damit er schneller das Tunnelende erreicht. Das letzte Kind nimmt den Ball an und läuft nach vorne. Nun schubst dieses den Ball nach hinten. Das letzte Kind nimmt wieder den Ball an und läuft nach vorne usw.

Steht das erste Kind wieder vorne, so ist die Spielrunde beendet. Die Mitspieler der ersten Mannschaft bekommen jeder zwei Punkte, die der zweiten Mannschaft je einen Punkt.

Einbeinwettlauf

Jedem Olympiateilnehmer werden die Beine zusammengebunden. Die ersten Kinder stehen am Start. Auf ein Kommando hüpfen sie zum Ziel. Dort heben sie schnell die Arme als Startzeichen für das nächste Kind usw. Welche Mannschaft hat seine Mitspieler zuerst im Ziel? Die Mitspieler der Siegermannschaft erhalten jeweils zwei Punkte, die anderen einen Punkt.

Variationen: Die Strecke wird rückwärts oder im Vierfüßlergang zurückgelegt. Möglich ist auch, das rechte beziehungsweise linke Bein zweier Mannschaftsmitglieder zusammenzubinden. Welches dreibeinige Monster erreicht zuerst das Ziel?

Wasserballweitwurf

Von einer Startlinie aus versucht jedes Kind, den Wasserball so weit wie möglich zu werfen. Haben alle geworfen, erhält der weiteste Wurf die höchste Punktzahl (z. B. acht Punkte bei acht Teilnehmern), die anderen Weitwerfer erhalten der Reihenfolge nach jeweils einen Punkt weniger.

Schrubberball

2 Schrubber,
6 Stühle, 2 Wasserkästen,
2 Tennisbälle, Pfeife

Zwei Strecken mit je drei Stühlen und einem Wasserkasten, der das Ziel darstellt, werden aufgebaut. Auf ein Kommando hin stößt das erste Kind aus jeder Mannschaft den Ball durch die Stühle vorwärts, am Ziel um den Wasserkasten herum und zurück schnell an den Stühlen vorbei zum Start. Dort übergibt es den Schrubber und den Ball dem zweiten Kind und stellt sich wieder hinten an usw. Die Mannschaft, bei der das erste Kind zuerst wieder am Start steht, hat gewonnen. Die Mitspieler der Siegermannschaft erhalten zwei Punkte, die anderen einen Punkt.

Mitmachgeschichte

Der gelbe Ball

1 Tennisball pro Mitspieler, Wolle

Spielablauf: Als Abschluss der Olympiade ist diese Mitmachgeschichte nicht als Mannschafts-, sondern als Gemeinschaftsspiel gedacht. Der Text wurde für zehn Kinder konzipiert. Sollten weniger Kinder eingeladen sein, lassen Sie einfach einige Male das Wort „Ball" weg.

In einem Wollkreis liegt für jedes Kind ein Tennisball. Die Kinder bilden einen Kreis und lauschen der Geschichte. Immer dann, wenn das Wort „Ball" auftaucht, reagieren sie und ergreifen einen aus der Mitte. Aber Achtung: Nur derjenige, der als Erster einen Ball erwischt, darf ihn behalten und schaut nun dem weiteren Spiel zu. Die anderen Kinder legen ihren Ball wieder in den Kreis und spielen erneut mit. Das Spiel ist beendet, wenn alle Kinder einen Ball ergattert haben.

In einem dunklen Keller liegt in einer schmutzigen Ecke ein kleiner gelber BALL, ein TennisBALL. Im letzten Sommer ist er aus einer Tennistasche gepurzelt und seitdem nie wieder benutzt worden. Darüber ist der BALL sehr traurig. Oft denkt er an die wunderschönen warmen Sommertage, an denen er mit Paul auf dem Tennisplatz war und Tennis spielen durfte. Der kleine BALL flog hoch durch die Luft, wobei er vor Freude jauchzte. Manchmal landete der BALL auch auf einer Wiese, in einem Baum oder sogar in einer Pfütze. Einige Male lag der BALL neben einem anderen BALL und konnte sich so wunderbar unterhalten. Doch seitdem der BALL im Keller liegt, fühlt er sich sehr allein. Denn der kleine BALL hat hier niemanden, mit dem er plaudern oder Schabernack treiben könnte.

Eines Tages jedoch passiert etwas Wunderbares. Eine Hand greift nach ihm, hebt ihn auf und steckt ihn in eine Tasche. Dort liegt er nun und ist sehr gespannt auf alles, was passieren wird. Nach kurzer Dunkelheit wird es plötzlich hell um ihn herum. Erneut greift eine Hand nach ihm und da sieht er, dass Paul wieder mit ihm Tennis spielen möchte.

Wie früher fliegt er durch die Luft, landet in einer Wiese oder
einem Baum und liegt auf einer Bank, wo er sich unterhalten kann.
Die dunkle Zeit im Keller scheint endlich vorbei, denn von nun an
tummelt sich der kleine BALL jeden Tag auf dem Tennisplatz.

Siegerehrung

**Karton,
Goldpapier, Schleifenband**

Die Kinder trinken einen speziellen Energietrunk (natürlich werden
schon während der Spiele Getränke gereicht!) und können sich von
den Anstrengungen erholen. In
dieser Zeit werten Sie die Spiele
aus und zählen die Punkte zusammen. Zum Schluss gibt es
die Siegerehrung, bei der alle
ihre Punkte erfahren und einen
Orden (z. B. ein mit Goldpapier
und Schleifenband versehenes
Stück Pappe) erhalten.

Wurden Bälle oder Frisbee-
scheiben als Einladungen verteilt (s. S. 118–119), kann jeder
Olympiateilnehmer unter-
schreiben.

Rezeptideen: Herzhafte Sportlerspeisen

Brotbuffet

Partybrötchen, Kochschinken, Frikadellen, Bratenscheiben, Putenschnitzel, Käse, gekochte Eier, Salatblätter, Gurken, Cocktailtomaten, Paprika, Radieschen, Remoulade, Tomatenketchup, Senf (mild), Mayonnaise

Sport macht hungrig. Daher ist ein Brotbuffet genau das Richtige für die kleinen Olympioniken.

Putenschnitzel und Frikadellen können Sie am Tag vorher zubereiten. Die Frikadellen sollten sehr flach sein, damit sie samt zahlreicher anderer Zutaten in ein Brötchen passen. Die Putenschnitzel in kleine Stücke schneiden, denn auch sie sind als Brotbelag gedacht.

Alle Zutaten stehen griffbereit und die Kinder können sich nun nach Herzenslust eigene Brötchenkreationen zusammenstellen. Da schmeckt das Essen doppelt so gut und alle sind beschäftigt.

Neben den bekannten und beliebten Getränken sorgen spezielle Mixgetränke für gesunde Sportler-Erfrischung.

Sportlertrunk

1 Flasche Passionsfruchtsaft, 3 El. Mangovollfruchtsaft (Reformhaus), 2 El. Birnenkonzentrat, Saft von 2–3 Zitronen, 1 Limette (unbehandelt), Eiswürfel, 1 Flasche Mineralwasser mit Kohlensäure

Passionsfruchtsaft, Mangovollfruchtsaft, Birnenkonzentrat und Zitronensaft mischen. Limette waschen und in dünne Scheiben schneiden. Alles in eine Karaffe geben und mit Mineralwasser auffüllen. Zum Schluss Eiswürfel hinzugeben.

Zitroneneistee

1 Bund Melisse, 2 l Wasser, 4 El. Honig, Saft von ca. 4 Zitronen (unbehandelt), Eiswürfel, 1 ganze Zitrone (unbehandelt)

Einen Tag vorher die Melisse waschen, mit kochendem Wasser überbrühen und ziehen lassen. Tee abgießen und gut durchkühlen lassen. Am anderen Tag den Honig und Zitronensaft dazu geben und den Tee abschmecken. Eventuell noch mit weiterem Honig süßen. Die Zitrone waschen und in feine Streifen schneiden. Zusammen mit den Eiswürfeln zum Tee geben.

Das Rateduell

Sein Wissen auf die Probe zu stellen ist für jedermann eine Herausforderung. Nicht zuletzt beweisen dies die unzähligen Quizsendungen, die Tag für Tag im Fernsehen laufen. Wer rät und fiebert da nicht gerne mit? Auch Kindern bereitet es immer wieder große Freude, kniffelige Scherzfragen und Rätsel zu lösen. Eine Party unter dem Motto „Ratespaß" wird daher alle begeistern.

Damit das Geburtstagskind ebenfalls fleißig mitraten kann, sollte es die hier vorgeschlagenen Rätsel und Fragen vorher noch nicht sehen. Einladungskarten und Dekorationen können jedoch wie gehabt gemeinsam mit Ihrem Kind ausgesucht und gebastelt werden.

Ablauf

Nach der Begrüßung (s. S. 20–21) werden die Kinder in Gruppen
aufgeteilt und zu einer Quizrunde eingeladen. Ein Ratemärchen
bildet den Abschluss der Runde. Für Stärkung sorgt ein Pfann-
kuchenbuffet, als Abschiedsgeschenk erhalten alle „Gehirnjogger"
einen schönen Kugelschreiber.

Einladungen

Rätselhafte Botschaft

 **Tonkarton
(verschiedene Farben),
Transparent- und Tonpapier
(helle Farben), Filzstifte,
Klebstoff, Schere**

Aus buntem Tonkarton
ein Rechteck in beliebiger
Größe schneiden. Ein kleineres
Rechteck aus hellem Tonkarton hineinkleben.
Nach Belieben verzieren. Nun können alle Informationen kreuz
und quer auf das Blatt geschrieben werden. Der Eingeladene muss
die Wörter ordnen und sinnvolle Sätze zusammensetzen.

Endlosbrief

**Tonpapier (helle
Farben), Filzstifte, Geschenkband**

Die Einladung wird wie ein Brief geschrieben, jedoch ohne Punkt,
Komma, Klein- und Großschrei-
bung oder Wortabstände.
Zwischendurch kann zu
Beginn eines neuen Wortes
mit andersfarbigem Filzstift
geschrieben werden, um
die Entschlüsselung dieses
Einladungs-Codes zu erleichtern.
Hier ein Beispiel:

Hallopaul
Ichladedichherzlichzumeinemgeburtstageinderamkommendendon-
nerstagumsiebzehnuhrbeimirgefeiertwirdichhabemirdafüreinigesaus-
gedachtundwürdemichfreuendichbeimirbegrüßenzukönneneinige-
unserergemeinsamenfreundekommenauchundfürdasleiblichewohlist
gesorgt
Mitfreundschaftlichengrüßenjohannes

Abschließend einrollen und mit Geschenkband zusammenbinden.

Puzzlebrief

Tonkarton (helle Farben), Briefumschlag Filzstifte, Schere

Aus Tonkarton ein Rechteck oder Quadrat schneiden und mit Filzstiften den Einladungstext schreiben. Diese Pappe in Puzzlestücke zerschneiden (s. auch S. 53) und in einen Briefumschlag stecken. Um die Einladung lesen zu können, muss das Puzzle zusammengesetzt werden.

Variation: Auf die Vorderseite kann ein Bild gemalt oder ein Foto geklebt werden. Wird dieses zusammengesetzt, so kann auf der Rückseite die Einladung entziffert werden.

Dekorationen

Streifen-Look

Krepppapier
(verschiedene Farben),
Luftschlangen, Luftballons

Schmücken Sie den Quizraum mit bunten Krepppapierbahnen.
Hängen Sie diese etwas dichter, sodass sie zum Teil überlappen.
Dadurch erzielen Sie einen lustigen Streifeneffekt. Luftschlangen
und Luftballons dekorieren den Raum noch zusätzlich. An das
Krepppapier können Sie folgende Quizdekoration hängen:

Alles klar?!

Tonkarton
(verschiedene Farben), Klebeband (doppelseitig), Klebstoff,
Schere, Bleistift

Aus buntem
Tonkarton viele
Rechtecke schnei-
den. In anderen
Farben schneiden
Sie Frage- sowie
Ausrufezeichen, die
auf die Rechtecke
geklebt werden. Mit
doppelseitigem Klebeband
an den mit Krepppapier
geschmückten Wänden befestigen.

Scherzfragen

Tonkarton (helle
Farben), doppelseitiges
Klebeband, Filzstifte,
Stecknadeln

Aus hellem Tonkarton Rechtecke, Kreise, Quadrate oder Dreiecke
schneiden. Darauf Scherzfragen schreiben, die zum Mitraten auffor-
dern. Die Antworten können ganz winzig klein auf die Rückseite
geschrieben werden. Die Karten vorsichtig mit Stecknadeln an den
mit Krepppapier geschmückten Wänden befestigen.

Spiele

Quiz für Neunmalkluge

**Jede Menge
Scherzfragen**

Eröffnen Sie die Quizrunde mit lustigen Scherzfragen. Hängen diese als Dekoration an den Wänden (s. o.), erhalten die Kinder für jede richtige Antwort ein Kärtchen. Geben Sie ruhig Hilfestellungen zum Lösen der Aufgaben – die Antwort jedoch, dürfen Sie selbstverständlich nicht verraten. Derjenige, der die Lösung gefunden hat, darf das nächste Rätsel stellen.

Welcher Abend beginnt am Morgen?
(Der Sonnabend)

Welchen Schirm kann man nicht aufklappen?
(Den Bildschirm)

Was kann in der Tasche sein, auch wenn gar nichts drin ist?
(Ein Loch)

Wie kommt der Rabe nach Afrika?
(Schwarz)

Wie heißt die Laus mit Vornamen?
(Niko)

Welche Gaben machen nicht reich?
(Die Ausgaben)

Was kann man niemals mit Worten ausdrücken?
(Den Schwamm)

Welches ist der höflichste Fisch?
(Der Bückling)

Welches Brot kannst du nicht zum Frühstück essen?
(Das Abendbrot)

Warum legen Hühner Eier?
(Weil beim Werfen so viele zerstört würden)

Wie heißt das Reh mit Vornamen?
(Kartoffelpü)

Quiz für kluge Köpfe

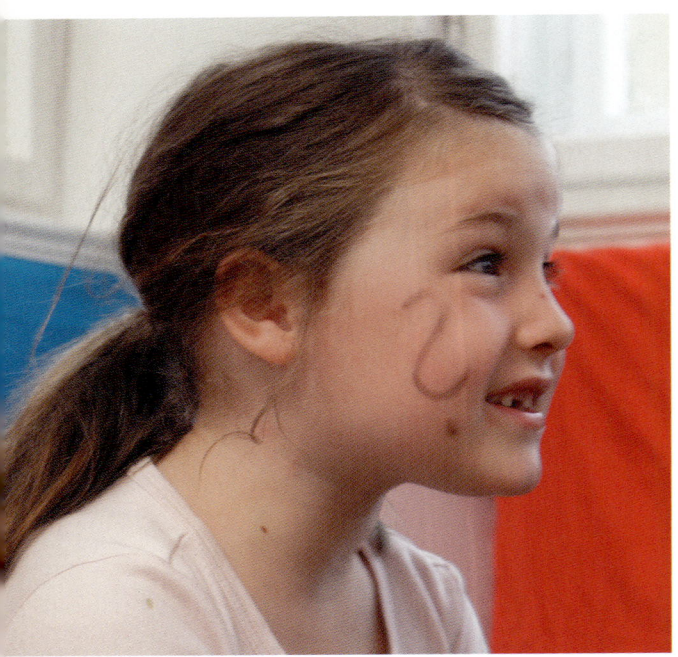

Zettelblock mit Fragen, Wäscheklammern in zwei Farben (z. B. rot und blau), 2 Topfdeckel, Schnur, drei Pappschilder, Filzstift (dick), Krepppapier (z. B. rot und blau), Schere, Heftklammern, 2 Eimer

Bereiten Sie drei Pappschilder vor, auf denen die Zahlen 1, 2 und 3 stehen. Nun spannen Sie eine Schnur und hängen die Schilder in einem kleinen Abstand auf. Die Spieler werden in zwei Gruppen aufgeteilt (die Aufteilung der Gruppen kann wie bei der Geburtstagsolympiade s. S. 118 durchgeführt werden) und erhalten verschiedenfarbige Krepppapierschärpen. In einem Eimer liegen viele rote und blaue Wäscheklammern. Der Spielleiter stellt nun eine Frage. Die Spieler haben drei Antwortmöglichkeiten. Nach einer Bedenkminute – während dieser dürfen sich die Kinder untereinander nicht verständigen! – ertönt ein Signal (z. B. Topfdeckel) und die Spieler stellen sich hintereinander vor ein Schild.

Als Nächstes wird die richtige Lösungsnummer bekannt gegeben. Alle Kinder, die sich vor das richtige Schild gestellt haben, dürfen sich eine ihrer Gruppenfarbe entsprechende Wäscheklammer aus dem Eimer holen und an ihre Kleidung heften. Zum Schluss werden die Klammern jeder Gruppe zusammengezählt und die Gewinnergruppe bekannt gegeben.

Sollten Ihnen die im Folgenden aufgeführten Aufgaben zu schwer oder zu einfach sein, so lassen Sie Ihre eigene Fantasie walten und stellen einen anderen Aufgabenkatalog zusammen.

Tipp: Auch für die nächsten Spiele können Sie für richtige Antworten jeweils Wäscheklammern vergeben. Die Gewinnergruppe wird dann erst am Ende des Rätselnachmittags ausgezählt.

Welches ist der schnellste Vogel?
1. Brieftaube, 2. Wanderfalke, 3. Steinadler
Lösung: 2. *Der Wanderfalke.*
Er fliegt 360 km/h (Steinadler 190 km/h, Brieftaube 150 km/h).

Wann kann man Fledermäuse beobachten?
1. Nur im Winter 2. Abends und in der Nacht 3. Mittags, wenn die Sonne am höchsten steht
Lösung: 2. *Abends und in der Nacht.*

Welches ist der schnellste Schwimmer unter den Fischen?
1. Schwertfisch, 2. Tunfisch, 3. Segelfisch
Lösung: 3. *Der Segelfisch. Er schwimmt 109 km/h (Tunfisch 100 km/h, Schwertfisch 90 km/h).*

Wie viel Zeit liegt zwischen zwei Olympischen Spielen?
1. sechs Jahre, 2. fünf Jahre, 3. vier Jahre
Lösung: 3. *Vier Jahre.*

Woran erkennt man, wie alt ein Baum ist?
1. An der Baumhöhe, 2. An der Zahl der Furchen in der Rinde, 3. An der Anzahl der Ringe, die im Querschnitt sichtbar werden.
Lösung: 3. *An der Anzahl der Ringe, die im Querschnitt zu sehen sind.*

Welcher Käfer frisst gern Blattläuse?
1. Rosenkäfer, 2. Marienkäfer, 3. Blattkäfer
Lösung: 2. *Der Marienkäfer.*

Welches ist der giftigste Pilz?
1. Fliegenpilz, 2. Satanspilz, 3. grüner Knollenblätterpilz
Lösung: 3. *Der grüne Knollenblätterpilz.*

Welches der folgenden Tiere lebt nicht in der Arktis?
1. Pinguin, 2. Eisbär, 3. Schneeeule
Lösung: 1. *Der Pinguin.*

Woraus ist das Erdöl entstanden?
1. aus Lava, 2. aus verrotteten Baumstämmen, 3. aus Algen
Lösung: 3. *Aus Algen.*

Welche Pflanze steht unter Naturschutz?
1. Maiglöckchen, 2. Farn, 3. Schneeglöckchen
Lösung: 1. *Das Maiglöckchen.*

Welches Tier hat nicht nur Zähne im Maul, sondern auch auf der Haut?
1. Wal, 2. Hai, 3. Delphin
Lösung: 2. *Der Hai. Sein Körper ist bedeckt mit unzähligen Hautdornen.*

Ist der Mond …
1. so groß wie die Erde? 2. größer als die Erde? 3. kleiner als die Erde?
Lösung: 3. *Der Mond ist kleiner als die Erde.*

Welches Tier macht die größten Sprünge?
1. Puma, 2. Tiger, 3. Löwe
Lösung: 1. *Der Puma. Er springt sieben Meter (Tiger 4 Meter, Löwe 3,80 Meter).*

Fortsetzung folgt

vgl. Quiz für kluge Köpfe

Nach dem bereits erklärten Prinzip kann auch ein Quiz gespielt werden, in dem es um die Fortsetzung bestimmter Sprichwörter oder Redewendungen geht.

Einen … aufbinden
1. Schuh, 2. Bären, 3. Luchs
Lösung: 2. *Bären*

Jeder ist seines Glückes …
1. Ritter, 2. Zimmermann,
3. Schmied
Lösung: 3. *Schmied*

Eine Schwalbe macht noch keinen …
1. Frühling, 2. Sommer,
3. Herbst
Lösung: 2. *Sommer*

Der Apfel fällt nicht weit …
1. vom Baum, 2. vom Stamm,
3. vom Strauch
Lösung: 2. *vom Stamm*

Was ich nicht weiß, macht mich nicht …
1. glücklich, 2. traurig,
3. heiß
Lösung: 3. *heiß*

Kleider machen …
1. Kaiser, 2. Leute, 3. Mönche
Lösung: 2. *Leute*

Einem … machen
1. Beine, 2. Füße, 3. Arme
Lösung: 1. *Beine*

Wer A sagt, muss auch …
1. B sagen, 2. B kennen,
3. C glauben
Lösung: 1. *B sagen*

Wissen, wie der … läuft
1. Hund, 2. Ochse, 3. Hase
Lösung: 3. *Hase*

Silbenrätsel

Kopie des Silbenrätsels pro Mitspieler, Stifte

Teilen Sie an jeden Mitspieler Kopien mit dem folgenden Silbenrätsel aus. Auf ein Kommando beginnen alle mit der Lösung des Rätsels. Wer am schnellsten die richtige Antwort nennen kann, darf sich eine Wäscheklammer nehmen.

al, boot, bra, de, drat, e, en, fel, i, la, les, li, mar, me, pe, qua, rüs, see, sel, sel, ser, sup, ta, ta, ter, un, wis, ze,

Frage: Wer darf bei keinem Rateduell fehlen?
1. Figur aus vier gleich langen Seiten:
2. Schiff, mit dem sich der Meeresboden erforschen lässt:
3. Land in Stiefelform:
4. Gestreiftes Tier:
5. Eingekochtes Obst:
6. Ein Mensch, der über alles Bescheid weiß:
7. Flüssige Speise:
8. Worauf schreibt der Lehrer?
9. Tier, dem man irrtümlicherweise Dummheit nachsagt:
10. Nase des Elefanten:

(Lösung: Quizmaster)

Tipp: Silbenrätsel lassen sich im Handumdrehen selbst anfertigen. Das Lösungswort ausdenken und die Buchstaben senkrecht untereinander schreiben. Sodann Wörter finden, die mit den einzelnen untereinander stehenden Buchstaben beginnen und entsprechende Fragen formulieren. Nun die Querwörter in Silben trennen, die Silben alphabetisch ordnen.

Pantomimenrätsel

Karten mit Berufs-, Tierbezeichnungen, Verben, Eigenschaftswörtern etc.

Immer wieder schön sind pantomimische Rätsel. Reihum zieht jedes Kind eine Karte mit einem Begriff. Diesen muss es der ganzen Gruppe als kleine Pantomime vorstellen. Die Begriffe sollten dem Alter der Kinder entsprechen.

Tipp: Neben den hier vorgestellten Quizspielen können Sie natürlich die klassischen und allseits beliebten Spiele wie „Stadt, Land, Fluss" oder „Teekesselchen" in die Raterunde aufnehmen.

Mitmachgeschichte

Märchen-Mix

Blatt und Stift pro Mitspieler, Wäscheklammern

Spielablauf: Jeder Mitspieler erhält ein Blatt und einen Stift. Das Ratemärchen wird erzählt. Danach schreiben alle die Märchen auf den Zettel, die in dem Ratemärchen versteckt waren. Nun verraten Sie die richtigen Lösungen. Die Kinder gleichen ihre Antworten ab, und nur wer alle versteckten Märchen erkannt hat, darf sich eine Wäscheklammer anstecken.

Es waren einmal vier Tiere, eine Kuh, ein Schwein, ein Papagei und eine Maus. Die wollten nicht mehr bei ihren Herren bleiben. Also beschlossen sie, in die Welt hinauszuziehen. Als sie schon eine Weile unterwegs waren, trafen sie sieben kleine Wichtel. Diese waren auf dem Weg in ihren Berg, um dort nach Edelsteinen zu suchen. Die Tiere erzählten den Wichteln von ihrer großen Reise. Dann aber

zogen sie weiter. Wenig später hörten sie jemanden singen. Sie lauschten und gingen dem Gesang nach. Da sahen sie einen Gnom. Der sprang um ein Feuer und sang: „Ach wie gut, dass niemand weiß, dass ich August heiß." Die Tiere wunderten sich sehr. Da sie aber wenig Zeit hatten, setzten sie ihre Wanderung fort. Plötzlich kamen ihnen zwei Kinder entgegen. Die hatten sich verlaufen und suchten den Weg nach Hause zurück. Die Tiere begleiteten sie ein Stück. Da aber die Dunkelheit bereits einbrach und die Kinder müde wurden, legten sie sich unter

einen Baum und schliefen ein. Die Tiere jedoch zogen weiter. Wenig später wurden auch sie müde und suchten eine Scheune, in der sie schlafen konnten. Sie sahen in der Ferne ein großes Schloss. Ein Frosch kam auf sie zu. Er hatte eine goldene Feder in der Hand und war sehr freundlich. Als er die müden Tiere sah, hatte er eine Idee und sagte: „Was haltet ihr davon hier zu bleiben? Das Schloss steht leer, und wenn ihr wollt, dann könnt ihr dort für immer wohnen." Darüber freuten sich die Tiere sehr, und seit jenem Tag leben sie hier glücklich und zufrieden. Und wenn sie nicht gestorben sind, dann leben sie noch heute.

Rezeptideen: Pfannkuchenbuffet für Gehirnjogger

Grundteig Pfannkuchen

(für 6 Pfann-
kuchen) 125 g Mehl, 3 Eier,
1 Prise Salz, $1/4$ l Milch, etwas
Margarine

Eier und Salz in eine Rührschüssel geben und verschlagen. Nach und nach Mehl und Milch dazu geben und kräftig verrühren. Es sollten keine Klümpchen entstehen. Nun werden in einer geeigneten Pfanne dünne frische Pfannkuchen gebacken.

Pfannkuchenfüllungen

Stellen Sie eine Auswahl an Füllungen bereit, und jeder kann sich seinen Pfannkuchen selbst zusammenstellen:

Bananen, angedickte Sauerkirschen, Ananas, Honig, Kompott, Zimt und Zucker, geschlagene Sahne, Nusscreme, Schokostreusel, verschiedene süße Soßen, Marmelade, Bratenaufschnitt, Remoulade, Kräuteraufstrich, Kochschinken, Käse, eine Mischung aus Gehacktem und Mais, Tunfisch und Mais.

Muntermachercocktail

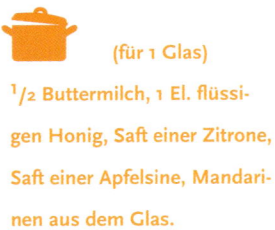

(für 1 Glas)
$1/2$ Buttermilch, 1 El. flüssi-
gen Honig, Saft einer Zitrone,
Saft einer Apfelsine, Mandari-
nen aus dem Glas.

Buttermilch mit Zitrone und Orange mischen und mit dem Honig süßen. Alles gut verrühren, bis der Honig sich auflöst. Das Obst hineingeben, alles verquirlen und der Krafttrunk ist fertig.

Fetzige Tanzfete

Laden Sie die Freunde Ihres Kindes zu einer fetzigen Tanzparty ein.
Bestimmt haben alle Spaß daran, denn mit lustigen Tanzspielen geht
der Nachmittag wie im Flug vorbei! Übrigens: Solch eine Fete wird
für Kinder noch interessanter, wenn sie erst gegen Abend – so ab
17.00 Uhr – stattfindet!

Ablauf

Nach der Begrüßung (s. S. 20–21) werden die Kinder zu verschiedenen Tanzspielen eingeladen. Abschließend gibt es ein großes Tanzturnier mit Ordensverleihung.

Organisieren Sie altersentsprechende Musik, damit allen das Tanzen auch Spaß macht. Am besten überlassen Sie die Auswahl der CDs größtenteils dem Geburtstagskind!

Einladungen

Einladungs-CD

Tonkarton (verschiedene Farben), Transparentpapier (verschiedene Farben), Filzstifte, Klebeband, Schere, Bleistift

Aus buntem Tonkarton einen Kreis in der Größe einer CD ausschneiden. In der Mitte ebenso wie bei einer echten CD einen kleinen Kreis ausschneiden. Auf diese Papp-CD werden alle Informationen spiralförmig geschrieben. Aus Transparentpapier eine CD-Hülle fertigen und die Einladung hineinstecken.

Ein Lied für dich!

Leerkassetten, Rekorder

Lassen Sie Ihr Kind ein Einladungslied singen und nehmen Sie den Gesang auf Kassette auf. Zusätzlich kann dieses Lied mit Küchenkleingeräten wie Löffel oder Topfdeckel unterlegt werden, selbstverständlich können Sie auch selbst mitsingen. Jeder Geburtstagsgast erhält eine Kassette mit folgendem Lied:

**Die Affen rasen
durch den Wald**

*Hallo ich lade dich heute ein,
mein Geburtstagsgast zu sein,
und meine Party, die wird schön.
Wir tanzen Cha Cha Cha, wir tanzen Cha Cha Cha
wir tanzen Cha Cha Cha und Twist.
Wir tanzen Cha Cha Cha, wir tanzen Cha Cha Cha,
wir tanzen Cha Cha Cha und Twist.*

*Drum steh' um fünf vor meiner Tür,
all meine Freunde sind dann hier,
zusammen haben wir viel Spaß.
Wir tanzen Cha Cha Cha …*

*Und ist um acht die Party aus,
dann bringen wir dich auch nach Haus,
ja dieses Fest, das wird sehr schön.
Wir tanzen Cha Cha Cha …*

Dekorationen

Für eine Tanzfete sollten Sie einen geräumigen Kellerraum, Dachboden, eine Garage, ein Gartenhaus oder einen großen Flur leer räumen.

Partyraum

**Lichterketten
Luftballons, Luftschlangen,
Krepppapierstreifen, Stoffe,
Wasserkästen, evtl.
Tapeziertisch**

▶ Zahlreiche Lichterketten, Luftballons, Luftschlangen und Krepppapierstreifen, die unter die Decke, an die Wand oder vor das Fenster gehängt werden, verwandeln jedes Zimmer im Handumdrehen in einen Partyraum.

▶ Dekorieren Sie die Wände mit buntem Krepppapier und Stoffbahnen. Auch Bilder von Popstars, Papp-CDs und Noten (s. S. 142) können die Wände schmücken.

▶ Unverzichtbar sind natürlich eine Musikanlage wie auch gute Musik.

▶ An einer kleinen Bar aus leeren Wasserkästen genehmigen sich Tänzer und Tänzerinnen ein süffiges Getränk, auf einem aus einem Tapeziertisch gezauberten Buffet finden sich coole Partyknabbereien.

Kunterbunte CDs

Regenbogen-karton, Nähgarn, doppelseitiges Klebeband, Schere, Bleistift

Schneiden Sie aus Regenbogenkarton zahlreiche Papp-CDs. Ziehen Sie durch das Mittelloch einen Faden und hängen Sie diese CDs mit doppelseitigem Klebeband unter die Decke.

Variation: Es können auch CD-Rohlinge aufgehängt werden.

Klingende Noten

Tonkarton (verschiedene Farben), Klebeband (doppelseitig), Schere, Bleistift

Zeichnen Sie auf bunten Tonkarton Noten und Notenschlüssel. Diese werden ausgeschnitten und mit doppelseitigem Klebeband an Decke und Wänden befestigt.

Speckketten

Mäusespeck,
Nähgarn, Nähnadel

Aus buntem Mäusespeck
können Sie kurze
Ketten auffädeln,
die Sie an die
Wand hängen.

Verkleidungen

Wenn die Kinder möchten, können sie sich mit Schmuck,
Stirnbändern, Sonnenbrillen und ähnlichen Accessoires als Popstars
verkleiden.

Spiele

Wörtertanz

Wortkarten, die paarweise ein Doppelwort ergeben (Fenster-Bank, Blumen-Strauß, Feder-Ball, Gummi-Baum, Regen-Schirm usw.)

Jedes Kind zieht eine Karte mit einem Wort. Es läuft Musik, und alle tanzen dazu. Sobald die Musik ausgestellt wird, versuchen die Tänzer, Paare zu bilden. Haben sich die richtigen Paare gefunden, d. h. passen die einzelnen Wörter zusammen, dann tanzen sie zu zweit weiter. Alle Kinder, deren Wörter nicht zusammenpassen, tanzen wieder allein. Das Spiel wird so lange fortgeführt, bis sich alle Paare gefunden haben.

Variationen: Es können auch Fantasiewörter kreiert werden. Zunächst tanzen die Kinder allein. Hört die Musik auf, finden sich schnell zwei Tänzer zusammen und rufen ihr neu gebildetes Wort. Danach tanzen sie wieder allein. Dieses Spiel kann mehrfach wiederholt werden.

Bei kleineren Kindern können Sie den Tänzern die Wörter ins Ohr flüstern. Sobald die Musik aufhört, versuchen die Kinder durch Flüstern herauszubekommen, wer ihr Wortpartner ist. Das Spiel wird so oft wiederholt, bis alle Paare sich gefunden haben.

Puzzletanz

in zwei Teile geschnittene Bildkarten (Blume, Schuh, Hand, Tasse etc.)

Die Kinder ziehen eine Karte und erraten, welchen Gegenstand sie zur Hälfte sehen. Nun ertönt Musik und alle begeben sich auf die Tanzfläche. Wird die Musik leise gestellt, versuchen sich die richtigen Paare zu finden. Die Paare, die ein vollständiges Bild zusammensetzen können, tanzen zu zweit weiter, die anderen tanzen erneut alleine. Der Tanz ist beendet, wenn sich alle richtigen Paare gefunden haben.

Befehlstanz

Die Kinder tanzen einzeln nach einer fetzigen Musik. Ein Kind schaut zu und gibt die Befehle. Wird die Musik ausgestellt, ruft es laut einen Befehl wie beispielsweise „Fasst einen anderen Tänzer ans rechte Ohr", „Hüpft auf einem Bein", „Berührt schnell alle vier Wände" etc.

Tennisballtanz

Es finden sich Tanzpaare zusammen. Sie bekommen einen Ball und nehmen ihn zwischen die Stirnen. Nun wird zu Musik getanzt. Wer den Ball verliert, scheidet aus, beide Tänzer geben ein Pfand (Schuh, Uhr usw.) ab. Das Siegerpaar stellt sich hinter

Tennis- bzw. Jonglierbälle oder aufgeblasener Luftballon, Betttuch

ein Betttuch, das von zwei Tänzern gehalten wird. Nun hebt einer einen Gegenstand hoch und fragt: „ Was soll dieser Tänzer machen, dem gehören diese Sachen?" Die beiden hinter dem Betttuch überlegen sich eine Aufgabe, die sie lautstark verkünden: „10 Kniebeugen" oder „Ein Lied singen" oder „Ein Gedicht aufsagen". Die Kinder führen ihre Aufgaben nacheinander durch.

Wortscharade

Pappteller, Wolle,
Locher, Filzstifte

Die einzelnen Buchstaben der Wörter „Hund" und „Maus" werden jeweils auf einen Pappteller geschrieben. Am oberen Rand ein Loch stanzen und eine Wollschlaufe hindurchziehen.

Aus den Buchstaben können im Laufe dieses Tanzspieles folgende Wörter entwickelt werden: Hund, Maus, Hand, und, Haus, aus, Sau, man, da, das, an.

Jeder sucht sich einen Buchstaben aus und hängt ihn um. Nun läuft die Musik und es darf getanzt werden. Nach einer Weile wird die Musik abgestellt, und der Spielleiter ruft z. B. „Hund". Dann finden sich schnell die Kinder mit den passenden Buchstaben zusammen. Danach tanzen sie wieder auseinander. Das Spiel wird so lange durchgeführt, bis alle möglichen Wörter zusammengesetzt wurden.

Würfeltanz

Würfel, Punkte-
zettel mit den Zahlen 1–6 in
doppelter Ausführung,
Klebeband

Zwei Stuhlreihen aufstellen. Die Zettel werden rechts und links an die Stühle geklebt, d. h. in jeder Stuhlreihe kleben die gleichen Punkte.

Ein Kind bekommt den Würfel und schaut den tanzenden Kindern zu. Nach einer Weile wird die Musik abgestellt und alle suchen sich rasch einen Stuhl. Nun entscheidet der Würfel, welche zwei Tänzer zusammen tanzen. Zeigt er z. B. drei Punkte, dann bilden diejenigen ein Paar, die auf den beiden Stühlen mit jeweils drei Punkten sitzen. Die anderen Tänzer tanzen wieder allein. Das Spiel wird so lange fortgeführt, bis alle Kinder einen Tanzpartner haben. Danach kann das Spiel umgekehrt durchgeführt werden. Die Paare tanzen zusammen. Wird die Musik ausgestellt, setzen sich die ausgewürfelten Paare zurück auf ihren Stuhl.

Stopptanz

Die Tänzer bewegen sich frei durch den Raum. Plötzlich wird die Musik leise gestellt und alle müssen wie erstarrt stehen bleiben.

Gerät ein Kind ins Wackeln, so legt es eine Spielpause ein. Wer wird der Stopptanzkönig?

Das große Tanz-turnier

Zum Abschluss der Tanzparty findet ein großes Tanzturnier statt. Das Geburtstagskind und ein Erwachsener bilden die Jury. Die restlichen Kinder tanzen frei nach Musik. Nach einiger Zeit wird die Musik ausgestellt und die Kinder holen sich mit geschlossenen Augen einen Gegenstand aus dem Korb oder Karton. Die Kinder mit dem gleichen Gegenstand bilden ein Tanzpaar. Sie sollen nun nach einer ausgewählten Musik einen Paartanz besonders gut vorführen. Die Jury wird am Schluss das Siegerpaar ermitteln.

Was aber niemand wissen sollte: Es gibt kein einzelnes Siegerpaar. Alle sind Gewinner und bekommen einen Orden!

jeweils 2 gleiche Gegenstände (z. B. 2 Löffel, 2 Becher, 2 Strohhalme, 2 Wäscheklammern usw.), Karton oder Korb, Tanzorden (s. u.) pro Mitspieler

Das süße Tanzmariechen

6 Bonbons
(in Papier eingewickelt)
pro Orden, Heftklammern,
Nähnadel, Nähgarn,
Geschenkband

Die Bonbons werden zu einem Männchen zusammengeheftet. Um das obere Papier am Kopf ein Geschenkband binden. So kann der Orden umgehängt werden.

CD-Orden

1 CD-Rohling
pro Orden, Geschenkband,
Folienschreiber

Durch CD-Rohlinge, auf die jeder seinen Namen schreiben kann, wird eine Kordel gezogen und der Tanzorden ist fertig.

Rezeptideen: Coole Knabbereien

Sesamkräcker

(für ca. 20 Stück)

4 Scheiben Blätterteig,

1 El. Süße Sojasauce,

1/2 Tl. Samba Oelek,

Chinagewürz, 1 Eigelb, etwas

Wasser, 2 El Sesamsamen

Blätterteig auftauen. Je zwei Platten aneinander legen und zu einem Rechteck ausrollen. Sojasauce, Samba Oelek und das Chinagewürz verrühren. Das Rechteck damit bestreichen. Ein zweites Rechteck erstellen und über das erste Rechteck legen und gut festdrücken. Eigelb mit Wasser verrühren und das Rechteck damit einstreichen. Sesamsamen drüber streuen. Aus dem Rechteck kleine Quadrate schneiden, auf ein mit Backpapier ausgelegtes Backblech legen und im vorgeheizten Backofen bei 220° sechs bis acht Minuten backen.

Käsehappen

1 Rolle Brötchen-

fertigteig, 30 g Schafskäse,

70 g Kräuterfrischkäse,

2 Tl. Sahne, Salz, Pfeffer,

1 Tl. gemischte Kräuter

(gefroren)

Den Teig zu einem Rechteck ausrollen, kleine Quadrate ausschneiden. Schafskäse zerbröseln, mit Frischkäse und Sahne verrühren, mit Salz und Pfeffer würzen und die Kräuter untermengen. Die Quadrate auf das mit Backpapier ausgelegte Backblech legen und die Käsemasse darauf geben. Im vorgeheizten Backofen bei 200° ca. acht bis zehn Minuten backen.

Salamibrötchen

1 Rolle Brötchen-

fertigteig, 70 g Salami,

30 g grüne Oliven (entsteint),

1 El. Tomatenmark

Den Teig in kleine Quadrate schneiden und Kugeln daraus formen. Diese auf ein mit Backpapier ausgelegtes Backblech legen und in die Mitte eine Vertiefung drücken. Salami und Oliven klein schneiden und mit Tomatenmark verrühren. Die Masse in die Vertiefung geben und diese etwas zusammendrücken. Die Brötchen im vorgeheizten Backofen bei 200° ca. zehn Minuten backen.

(für ca. 20 Stück)
4 Scheiben Blätterteig,
1 El. Paprikamark, 1 Tl. Knob-
lauchpaste, ¹/₂ Tl. getrock-
neter Oregano, Paprikapulver

Herzhafte Blätterteigstangen

Blätterteig auftauen. Paprikamark mit Knoblauch und Oregano verrühren und auf eine Teigscheibe streichen. Eine unbestrichene Teigscheibe darüber legen und andrücken. Mit Paprikapulver bestreuen. Die Teigplatten in schmale Streifen schneiden und sie spiralförmig auf ein mit Backpapier ausgelegtes Backblech legen. Die Stangen im vorgeheizten Backofen bei 220° zehn bis zwölf Minuten backen.

reine Fruchtsäfte
(Direktsaft oder frisch
gepresst), Mineralwasser,
Orangenscheiben

Fruchtsaftbar

Eine Auswahl an frisch gepressten reinen Fruchtsäften, aufgefüllt mit Mineralwasser, serviert in einem mit einer Orangenscheibe dekorierten Glas, sind ein köstlicher Durstlöscher für erhitzte Tänzer.

Geburtstagslieder

Ein Geburtstag ohne Lied ist wie eine Blume ohne Duft, darum sollte es niemals fehlen. Da es nicht so einfach ist, unbekannte Melodien schnell zu lernen, finden Sie hier viele neue Texte zu allgemein beliebten Kinderliedern. Zahlreiche Vorschläge eignen sich auch für Zwillingsgeburtstage; die entsprechenden Abänderungen sind in Klammern vermerkt.

Wenn Sie möchten, legen Sie die ausgewählten Texte bereits zu den Einladungen. So können die Gäste das Geburtstagskind mit einem lustigen Ständchen überraschen!

♪ **Alle meine Entchen**

Die/Der … hat Geburtstag,
wir gratulieren dir,
wir gratulieren dir.
Wir wollen mit dir feiern
und darum sind wir hier.

Wir wünschen dir das Beste
an diesem schönen Tag,
an diesem schönen Tag.
Und das dir im Leben
viel gelingen mag.

Die/Der … hat Geburtstag,
wir gratulieren dir,
wir gratulieren dir.
Wir wollen mit dir feiern
und darum sind wir hier.

♪ **Vogel hochzeit**

Der/Die … hat Geburtstag heut
darüber sind wir sehr erfreut.
Fideralala …

Heut' wird gefeiert und gelacht
und auch noch sehr viel Spaß gemacht.
Fideralala …

Dein Fest, das wird heut' wunderschön,
wir woll'n noch nicht nach Hause geh'n.
Fideralala …

Wir reichen uns nun froh die Hand
und geh'n durch das Geburtstagsland.
Fideralala …

Und ist um sechs die Feier aus,
dann gehen wir vergnügt nach Haus.
Fideralala …

Wollt ihr wissen,
wollt ihr wissen,
was ...

Spielablauf: Die Kinder stehen im Kreis und machen die Bewegungen nach.

Wollt ihr wissen,
wollt ihr wissen,
was Geburtstagsgäste machen,
ganz laut klatschen,
ganz laut klatschen,
alle drehen sich herum

… ganz laut stampfen …
… ganz viel essen …
… ganz viel trinken …
… ganz hoch springen …
… ganz tief schlafen …
(Alle gehen in die Hocke und legen den Kopf auf die Hände.)

Alle Vöglein sind
schon da

Spielablauf: Das Geburtstagskind sitzt auf einem Stuhl in der Kreismitte. Die restlichen Kinder bilden um das Kind einen Kreis, fassen sich an, drehen sich bei der ersten Strophe, klatschen bei der zweiten Strophe oder stampfen bei der dritten Strophe usw.

Alle Gäste sind schon da, alle Gäste, alle.
Woll'n mit dir (euch) heut' fröhlich sein,
und an deinem (eurem) Fest sich freu'n.
Alle Gäste sind schon da, alle Gäste, alle.

Alle Gäste rufen laut: Lange sollst du (sollt ihr) leben.
Wir feiern heut' bis in die Nacht,
weil uns das viel Freude macht.
Alle Gäste rufen laut, lange sollst du (sollt ihr) leben.

Alle Gäste stampfen fest, nun mit ihren Füßen.
Fassen sich jetzt an die Hand,
tanzen durchs Geburtstagsland.
Alle Gäste stampfen fest, nun mit ihren Füßen.

♪ **Schneeflöckchen**

Du hast (ihr habt) heut Geburtstag,
wir freuen uns sehr.
Wir kommen zum Feiern
von ganz, ganz weit her.

Wir woll'n mit dir (euch) spielen,
mit dir (euch) glücklich sein.
Wir sind deine (eure) Freunde,
du bist (ihr seid) nie allein.

Gehen wir dann nach Hause,
ist uns allen schon klar.
Ja, wir kommen wieder
nicht erst nächstes Jahr.

Zwillingslieder

♪ **Der Kuckuck**
und der Esel

Die/Der ... und (auch) die/der ...
die feiern heut' ein Fest
mit ganz, ganz vielen Gästen,
da feiert's sich am besten.
Wir gratulieren sehr
und kommen von weit her.

Die/Der ... und (auch) die/der ...
die werden heut drei (vier, fünf, sechs usw.) Jahr,
da freu'n sich alle Gäste
und wünschen euch das Beste.
Bleibt glücklich und gesund,
so schallt's aus unserm Mund.

 **Hänsel und Gretel**

... und ..., die feiern heut' ein Fest,
drum sind gekommen ganz viele nette Gäst'.
Ihr zwei, ihr habt Geburtstag, ja ist es wirklich wahr,
ihr zwei, ihr werdet heute schon drei (vier, fünf, sechs usw.) Jahr.

Heut' wird gefeiert, gesungen und gelacht
und viele and're Dinge noch gemacht.
Doch gehen wir nach Hause und legen uns ins Bett,
dann denken alle, das Fest, es war sehr nett.

Abschiedslieder

 **Vogelhochzeit**

Der Tag mit dir (euch), er war sehr schön,
doch leider müssen wir jetzt gehen.
Fideralala ...

Wir reichen uns noch mal die Hand
und gehen durchs Geburtstagsland.
Fideralala ...

Und ganz bestimmt im nächsten Jahr
sind wir zum Fest dann wieder da.
Fideralala ...

Bis dahin schallt's aus unserm Mund:
Bleib (t) immer glücklich und gesund.
Fideralala ...

Drum geben wir uns jetzt zum Schluss
noch ganz schnell einen Abschiedskuss
(sich selbst einen Handkuss geben und ihn wegpusten)
Fideralala ...

**Alle meine
Entchen**

*Die Geburtstagsgäste
gehen jetzt nach Haus,
gehen jetzt nach Haus,
denn die Geburtstagsfeier,
die ist für heute aus.*

*Wir reichen uns die Hände,
lebt wohl, auf Wiederseh'n,
lebt wohl, auf Wiederseh'n,
und singen laut zusammen,
das Fest, es war sehr schön.*

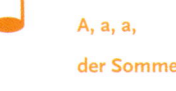

**A, a, a,
der Sommer,
der ist da**

*Ja, ja, ja, das Fest war wunderbar,
doch leider ist es jetzt schon aus
und wir, wir gehen jetzt nach Haus,
ja, ja, ja, das Fest war wunderbar.*

*Ja, ja, ja, doch eins ist für uns klar,
im nächsten Jahr, im nächsten Jahr,
da sind wir alle wieder da.
Ja, ja, ja, das Fest war wunderbar.*

Geburtstagsgedichte und -gebete

Ein Geburtstagsgedicht sollte – genau wie ein Geburtstagslied – immer parat liegen. Es unterstreicht den besonderen Anlass und gibt dem Fest einen besonderen Wert. Folgende Vierzeiler sind leicht erlernbar und können von Familienmitgliedern oder aber auch von Gästen vorgetragen werden. Die Gedichte können sowohl bei Einzel- als auch bei Zwillingsgeburtstagen aufgesagt werden. Umgewandelt finden sie sogar bei anderen Festen Verwendung. Die Geburtstagsgebete eignen sich für den Abschluss der Feier.

Gedichte

Es ist wahr und nicht ein Traum,
die Vögel zwitschern's schon vom Baum.
Du hast (Ihr habt) Geburtstag, lebe(t) hoch
und glücklich bleiben sollst (sollt) du (ihr) noch.

Ich wünsche dir (euch) das Allerbeste,
heut zu deinem (eurem) großen Feste,
bleib(t) immer glücklich und gesund,
so schallt es laut aus meinem Mund.

Ich gratulier und gebe dir,
heute ein Geschenk von mir.
Es bringt dich sicherlich zum Lachen
und soll dich immer glücklich machen.

Ich bin dein Freund, reich dir die Hand,
geh mit dir durchs Geburtstagsland.
Ich hab auch an dein Fest gedacht,
dir etwas Schönes mitgebracht.

Zum Gratulieren bin ich hier
und wünsche zum Geburtstag dir,
bleib gesund auf Schritt und Tritt
und bis ins hohe Alter fit.

Ich wünsch dir (euch) Sonne und auch Regen
und vor allem Gottes Segen.
Ich wünsche dir (euch), bleib(t) stets gesund,
dann gibt's zum Freuen einen Grund.

Aus Fern und Nah, aus Fern und Nah
sind heut ganz viele Gäste da.
Sie gratulieren dir (euch) zum Feste
und wünschen dir (euch) das Allerbeste.

Geburtstag habt ihr zwei,
drum kommen wir herbei
und wollen euch heut etwas schenken
und an euch zwei ganz fest jetzt denken.

Hurra, hurra, hurra, hurra,
endlich ist der Tag nun da,
deinen Geburtstag feiern wir,
darum sind wir alle hier.

Wie schön, dass ihr geboren seid,
darüber freu'n sich viele Leut'.
Zum Gratulieren ist nun da
diese große Festtagsschar.

Gebete zum Abschluss des Tages

Der Tag geht nun zu Ende,
wir reichen uns die Hände.
Wir danken Gott, das Fest war schön,
beschütze uns, wenn wir jetzt geh'n.

Der Geburtstag ist zu Ende,
dankbar falten wir die Hände.
Beschütz uns heut und jeden Tag,
damit uns nichts geschehen mag.

Wir danken Gott, dass es dich (euch) gibt,
dass er dich (euch) hält, weil er dich (euch) liebt.
Dieser Tag, er war sehr schön,
begleit' auch uns, wenn wir jetzt geh'n.